Me sauve qui peut !

HISTOIRE DE VIE ET DE SURVIE D'UNE JUIVE BERLINOISE

Hanni Lévy

Me sauve qui peut!

HISTOIRE DE VIE ET DE SURVIE D'UNE JUIVE BERLINOISE

Sous la direction de Beate Kosmala
Traduit de l'allemand par Bertrand Brouder

{LES Petits matins}

■■■ HEINRICH BÖLL STIFTUNG
PARIS
France

Titre original : *Nichts wie raus und durch. Lebens- und Überlebensgeschichte einer jüdischen Berlinerin*
Publication du Mémorial des héros silencieux *(Gedenkstätte Stille Helden)*, vol. 9
Éd. Beate Kosmala
© Hanni Lévy/Metropol Verlag, 2019

Maquette : Stéphanie Lebassard

Correction : Vincent Langlois

Couverture : Thierry Oziel

Photographie de couverture : Hanni Lévy vers 1939

Toutes les images, sauf indication contraire, proviennent de la collection privée d'Hanni Lévy.

© Les petits matins, 2020, pour la traduction française

Les petits matins

31, rue Faidherbe, 75011 Paris

www.lespetitsmatins.frw

En collaboration avec la Fondation Heinrich Böll.

ISBN : 978-2-36383-267-2

Diffusion : Interforum – Volumen

Distribution : Inteforum

Tous droits de traduction, de reproduction et d'adaptation réservés pour tous pays.

SOMMAIRE

Préface
Par Jens Althoff — 9

PREMIÈRE PARTIE. ME SAUVE QUI PEUT ! — 13

Chapitre 1 : Mon enfance à Berlin — 15
Chapitre 2 : Scolarité dans les années 1930 — 31
Chapitre 3 : Pogrom de novembre et travail obligatoire — 43
Chapitre 4 : Mort de ma mère et disparition de ma grand-mère — 65
Chapitre 5 : Fuir la déportation — 79
Chapitre 6 : Refuge chez la famille Most — 97
Chapitre 7 : Refuge chez la famille Kolzer — 107
Chapitre 8 : Libération — 125
Chapitre 9 : Paris, une nouvelle vie — 129
Chapitre 10 : Épilogue — 139

DEUXIÈME PARTIE. DES HÉROS SILENCIEUX — 147

Günther et Elsbeth Brüsehaber, des sauveteurs dans la plus grande détresse
Par Beate Kosmala — 149

Viktoria, Jean et Oskar Kolzer, une famille non conventionnelle
Par Oranna Dimmig — 167

Postface : Hanni Lévy à Berlin et à Paris
Par Beate Kosmala — 185

ANNEXES — 205

Hanni Lévy dans la Nollendorfstrasse — 207
Discours d'Hanni Lévy lors de la Conférence des délégués fédéraux d'Alliance 90/Les Verts le 27 janvier 2018 à Hanovre — 214
Index des personnes citées — 217

PRÉFACE
Par Jens Althoff
Directeur du bureau de Paris
de la Fondation Heinrich Böll

Quelle chance d'avoir connu Hanni Lévy ! De l'avoir rencontrée, d'avoir échangé avec elle, d'avoir pu organiser avec elle débats et soirées... C'était une femme extraordinaire, magnifique, qui à plus de 90 ans était encore pleine d'énergie, d'optimisme et de curiosité ; une personne qui fit jusqu'au bout preuve de foi en l'humanité et en sa capacité à surmonter les périodes les plus sombres.

Et quelle vie que celle d'Hanni Lévy, née Hanni Weissenberg à Berlin en 1924 ! Une vie déterminée par l'histoire terrible de l'Allemagne. Et marquée par la sortie brutale de l'enfance. Elle connaît une jeunesse heureuse, ainsi qu'elle la décrit elle-même, dans les rues et les écoles de la capitale, en dépit des grandes difficultés économiques dans lesquelles se trouvent ses parents. Et puis tout bascule avec l'arrivée d'Adolf Hitler et du national-socialisme. L'harmonie d'un environnement familial tant aimé est irrémédiablement brisée. Alors même que le père d'Hanni, encore en 1934, avait reçu la Croix d'honneur de la Première Guerre mondiale pour son engagement dans l'armée allemande, où il s'était battu contre la France aux côtés d'un certain Hermann Göring...

Elle a accompli un miracle, Hanni Lévy : elle a survécu à la Shoah à Berlin. Elle, une jeune femme seule, mais dotée d'une vive intelligence, d'un grand courage – et aussi de beaucoup de chance, comme elle le soulignait souvent. Sa ville natale, qui toute sa vie lui a été si chère, était devenue un environnement hostile et menaçant où chaque pas pouvait conduire à la mort. Mais il y eut aussi des personnes pour l'aider à survivre, la soutenir et la cacher. Il était donc possible – très risqué, certes, mais possible – d'aider ses amis, ses voisins, ses connaissances ou tout simplement ses concitoyens juifs. Face à la dictature nazie, il existait bien des possibilités de résister et de s'entraider – ce qui contredit une idée longtemps dominante en Allemagne selon laquelle «on ne pouvait rien faire».

Après la guerre, Hanni Lévy est partie vivre à Paris sans parler un mot de français, à une époque où il valait mieux éviter de s'exprimer en allemand dans les rues. Elle a réussi, avec la force et la volonté qui la caractérisaient, à se reconstruire une vie ici, en France. Cependant, elle n'a jamais oublié ses origines; elle a appris la langue allemande à ses enfants et elle est restée très proche de ces Berlinois qui l'avaient aidée à survivre et qui sont devenus sa seconde famille.

C'est donc une vie franco-allemande exemplaire, marquée par la période sombre qu'a vécue l'Europe par la faute de l'Allemagne, qu'Hanni Lévy raconte ici. Une époque dans laquelle s'enracine le projet européen, fondé sur l'idée du «plus jamais ça», de la dignité humaine, de la défense des droits de tous, de la paix entre les nations. Hanni Lévy s'est engagée, en Allemagne comme en France, en intervenant dans des écoles, des cinémas et bien d'autres institutions pour que l'on n'oublie pas ce qui s'est passé au siècle dernier, les causes et les conséquences de ces événements, et qu'on en tire des leçons pour aujourd'hui. Jusqu'à figurer dans le film très réussi de Claus Räfle, *Les Invisibles. Nous voulons vivre*, qui a rencontré un large succès en Allemagne et dans d'autres pays.

Préface

Dans son discours prononcé devant mille quatre cents personnes lors du congrès du parti des Verts en Allemagne, pour la Journée internationale en mémoire des victimes de l'Holocauste, le 27 janvier 2018, et diffusé par de nombreux médias, Hanni Lévy affirmait : « Je constate avec consternation que d'anciennes recettes sont réchauffées et retrouvent des oreilles complaisantes ! Bien que sous une forme légèrement différente, je vois de nouveau des gros titres désignant les *autres* – les réfugiés du Moyen-Orient – comme coupables de tout. Autrefois c'étaient les Juifs, aujourd'hui ce sont les réfugiés ! »

Cet engagement franco-allemand – pour lequel Hanni Lévy a reçu, à la fin de sa vie, la médaille de l'ordre national du Mérite de la part de la France ainsi que le *Bundesverdienstkreuz* de la part de l'Allemagne – était soutenu par sa grande famille, si précieuse à ses yeux, notamment par ses enfants, Nicole et René Lévy. Avec cette publication d'une version française de son autobiographie, nous, le bureau français de la Fondation Heinrich Böll, voulons continuer à travailler dans le sens de son engagement.

Cette grande dame a été enterrée à l'automne 2019 dans un cimetière juif de la région parisienne. La cérémonie, en français et en hébreu, très émouvante, s'est terminée sur les notes d'une chanson allemande jouée à titre d'adieu. Une chanson de Marlene Dietrich : « J'ai encore une valise à Berlin ».

Hanni Lévy en 2017
Photo : Milena Schlösser

PREMIÈRE PARTIE
ME SAUVE QUI PEUT !

Chapitre 1
MON ENFANCE À BERLIN

Par un dimanche pluvieux quelques jours avant le début du printemps, le 16 mars 1924, ma mère ressentit des contractions précoces et, peu de temps après, je vis la lumière du monde – beaucoup trop tôt – dans notre maison de Tempelhof. En toute hâte, mes parents me conduisirent en taxi à l'hôpital Auguste-Viktoria. C'est là que, prématurée de deux mois, je passai dans une couveuse les premières semaines de ma vie. J'étais le premier enfant d'Alice et Felix Weissenberg et je devais rester le seul. Ils vivaient alors en face du Tempelhofer Feld, qui était devenu en octobre 1923 l'aéroport central de Berlin, dans la moitié d'une maison jumelée avec jardin au 113 du Kaiserkorso (renommé Klineberg en 1936). Dans l'autre moitié vivait mon oncle Ernst Weissenberg. Mon père, photographe de profession, avait presque 41 ans au moment de ma naissance. Il avait, comme on le rapportait dans la famille, participé à la Première Guerre mondiale, entre autres comme reporter photographique pour l'escadron de chasseurs du capitaine de cavalerie Manfred von Richthofen[1]. Richthofen avait été abattu en avril 1918 en Angleterre et Hermann Göring lui avait succédé comme commandant de l'escadron pendant les derniers mois de la guerre, ce qui joua un rôle plus tard pour la situation professionnelle de mon père. Je ne sais pas s'il prit part à la pompeuse procession funéraire qui eut

---

1. Informations communiquées le 20 juin 2017 par le Bureau de renseignements sur la Wehrmacht (WASt/Wehrmachtsauskunftstelle), qui a enregistré quelques détails concernant son service pendant la Première Guerre mondiale : Felix Max Weissenberg, né le 15 juin 1883 à Berlin ; 8 décembre 1916, début du service dans l'Armée royale prussienne, régiment d'infanterie 41/I, bataillon de recrues, 4e train ; du 27 décembre 1916 au 9 mars 1917, admis à l'hôpital de campagne de Memel ; puis départ pour le 41e régiment d'infanterie Von Boyen.

Hanni avec sa mère, Alice Weissenberg, vers 1925.

lieu le 20 novembre 1925 au cimetière des Invalides après le transfert de la dépouille mortelle de Richthofen à Berlin.

Après la Première Guerre mondiale, Felix Weissenberg exerça son activité de manière indépendante, ce qui s'avéra problématique.

Les débuts de la république de Weimar furent politiquement et économiquement tumultueux, et mon père avait des soucis de santé. La situation financière de notre famille était tout sauf rose après l'année d'inflation de 1923, le cauchemar des Berlinois. Nous dûmes déménager assez rapidement et je ne me rappelle que vaguement notre maison de Tempelhof. Je me souviens toutefois que mon père y avait aménagé une chambre noire et qu'il y avait un

Hanni Weissenberg vers 1928.

jardin auquel on accédait par un escalier en bois et dans lequel se trouvait son pigeonnier.

    J'étais une petite plante assez tendre durant mes premières années, et j'ai grandi comme une enfant unique protégée, parfois surprotégée. Mais j'étais une «enfant du dimanche», une enfant de la chance, comme ma mère aimait à dire. Lors des examens médicaux réalisés à l'école, le docteur trouva que j'étais très petite et fluette pour mes 6 ans et conseilla à mes parents de me garder encore à la maison. Ma première année scolaire fut donc reportée. C'est pourquoi j'avais déjà 7 ans lorsque j'entrai au cours préparatoire à Tempelhof. Peu après, mes parents durent quitter leur maison pour des raisons financières.

Paula et Walter Oberländer à Berlin, en 1931.

Nous avons emménagé dans un appartement plus petit à Kreuzberg, d'abord dans la Grossbeerenstrasse, puis au 41 de la Solmsstrasse, à l'angle de la Gneisenaustrasse, où nous étions logés très modestement. Je dormais avec mes parents dans une chambre à coucher toute petite. Je suis restée dans cet appartement jusqu'à la mort prématurée de ma mère, en avril 1942. Malgré les problèmes d'argent de mes parents, j'ai un bon souvenir de mon enfance. Nous avons mené une vie de famille normale et chaleureuse.

Mes grands-parents maternels, Gustav et Cäcilie Oberländer, habitaient au 20 de la Johann-Georg-Strasse à Halensee. Dans la rue voisine, au 7 de la Nestorstrasse, vivaient le frère cadet de ma mère et son épouse, Walter et Paula Oberländer, qui s'étaient mariés au printemps 1928. Je me les rappelle tous deux comme un jeune couple aimant s'amuser, typique de ces « années folles » à Berlin.

Gustav Oberländer, commerçant, et son fils Walter ont travaillé dans l'industrie cinématographique après la Première Guerre mondiale, lorsque Berlin est devenu une métropole du film. Ils avaient fondé en 1918 la société Problem-Film, dont le siège était situé au 46 de la Friedrichstrasse. Elle faisait partie de ces petites entreprises cinématographiques qui avaient installé leurs locaux commerciaux au bas de la Friedrichstrasse. Mais, à côté de l'UFA (Universum Film AG) – l'union des principales branches de l'industrie cinématographique, qui dominait le marché du film allemand –, leur position était difficile. La Problem-Film enregistra quelques succès pendant les premières années. Elle produisit divers longs-métrages, dont *Der Mensch am Wege* («L'homme au bord de la route») en 1923, sur des thèmes empruntés à Tolstoï, qui fut le premier film réalisé par l'acteur Wilhelm Dieterle. L'interprète principal de ce film muet était – aux côtés de Dieterle lui-même – le comédien juif Alexander Granach. La jeune Marlene Dietrich y tenait un second rôle. La comédienne Olga Tchekhova, venue de Russie à Berlin en 1921, joua cette même année dans *Der Todesreigen* («La danse de mort»), produit par la Problem-Film. Oncle Walter gérait les ventes des films à l'étranger. Vers 1930, mon grand-père devint directeur de la société Hausbau-Wildpark West, dont il détenait 25% des parts. Oncle Walter y travailla également à partir de la fin 1931. La société avait pour tâches de cultiver et d'exploiter un terrain situé à Wildpark, près de Potsdam, qui appartenait à l'empereur[2].

Mes parents et moi retrouvions régulièrement l'oncle Walter, tante Paula et mes grands-parents Oberländer. J'ai

---

2. Ces informations sont extraites du dossier d'indemnisation de Walter Oberländer. Bureau des affaires civiles (LABO), autorité d'indemnisation, dossier n° 72560.

passé beaucoup de week-ends, quand j'étais enfant, chez mon grand-père et ma grand-mère à Halensee, seule ou avec mes parents. J'adorais l'oncle Walter, qui aimait bien s'occuper de moi.

Je me souviens peu en revanche de la famille Weissenberg, mais je sais que mon père avait cinq frères, Ernst, Franz, Kurt, Fritz et Alex, et une sœur nommée Grete, épouse Rosenthal. Ma grand-mère, Marie Weissenberg, mourut malheureusement fin 1924, neuf mois seulement après ma naissance. Elle avait été très fière que ses six fils se fussent battus pour la patrie allemande pendant la Première Guerre mondiale. Alex Weissenberg, d'après ce que je sais, est mort des suites de blessures. Mon grand-père, Hermann Weissenberg (1851-1936), avait été un homme sévère et au cœur dur, dont l'oncle Ernst, en particulier, avait toujours eu peur, m'a-t-on raconté.

Ernst Weissenberg[3] et son frère Franz s'enfuirent à Shanghai en 1939 avec leurs familles, ainsi que Grete Rosenthal avec sa plus jeune fille, la maladive Esther. Sa fille aînée, Ruth, fuit en Argentine. Lotte, la cadette, qui avait fait un « mariage mixte », parvint à survivre à Berlin mais suivit sa sœur en Argentine après la guerre. Ruth revint à Berlin en 1960 avec son mari et ses deux fils. Tante Grete quitta aussi Shanghai et revint à Berlin. Kurt et Fritz étaient parvenus à fuir aux États-Unis dès les années 1930. Oncle Fritz, le plus fortuné des frères, put émigrer avec tout son mobilier. Il vécut à Philadelphie. Voilà pour le destin des Weissenberg. Si je n'ai pas eu beaucoup de relations avec la branche paternelle pendant mon enfance, cela tient probablement au fait que la

---

3. Dans l'annuaire téléphonique berlinois de 1940, on trouve encore l'entrée : Weissenberg, Ernst Israel, commerçant, Tempelhof, Kleineweg 57.

famille était divisée. Ce fut sans doute le grand-père qui sema la discorde parmi ses fils.

Nos visites fréquentes au Luna Park, le plus grand et le plus célèbre parc d'attractions de Berlin, situé directement sur le lac Halensee à l'extrémité ouest du Kurfürstendamm, comptaient parmi mes expériences d'enfant les plus belles et excitantes. Pour moi, c'était le paradis. Ici, dans un terrain fermé, j'avais le droit de batifoler librement. Les familles Oberländer et Weissenberg s'y retrouvaient généralement le samedi. Dans la partie frontale se trouvaient les « Terrasses sur le Halensee », une merveilleuse guinguette pouvant accueillir des milliers de clients. L'architecture de cet immense restaurant était inhabituelle : à l'intérieur, il y avait des tours illuminées, des sculptures et une cascade artificielle. Les visiteurs étaient assis sur des terrasses ouvertes avec vue sur le lac. Un orchestre jouait devant le bâtiment, des acrobates se produisaient sur une scène en plein air, une fontaine faisait jaillir de l'eau haut dans les airs. J'étais surtout conquise par les jeux d'eau et les nymphes dansantes magnifiquement illuminés le soir. Mon plus grand plaisir était d'entrer dans la piscine sophistiquée à vagues, dans laquelle j'avais le droit d'aller sous la surveillance d'oncle Walter et de tante Paula. Mais la grande roue et toutes les attractions étaient aussi fascinantes – c'était tout simplement un rêve. La plupart du temps, c'était grand-père Oberländer qui invitait à ces divertissements et, apparemment, pouvait se le permettre. Je crois qu'il avait un abonnement annuel grâce à son activité dans le cinéma.

Mes parents n'étaient pas particulièrement religieux mais suivaient les pratiques juives. Des fêtes comme Pâques et Hanoukkah étaient dûment célébrées dans le cercle familial. Pendant les grandes fêtes, mon père m'emmenait à la synagogue libérale de la Lindenstrasse, à Kreuzberg[4]. J'y allais fièrement, petite fille tenant la main de son papa, qui portait un haut-de-forme sur le chemin du service divin, ce qui signifiait quelque chose à l'époque. Aujourd'hui, ce serait plutôt bizarre. Quand j'étais enfant, je pensais que c'était ce qui se faisait, et c'était probablement le cas. Felix Weissenberg portait son livre de prières ouvertement et avec assurance. Dans notre synagogue, il y avait aussi un office pour enfants, auquel j'aimais particulièrement prendre part.

Un jour, un homme fit un croc-en-jambe à mon père sur le chemin de la synagogue et le fit trébucher. Je ne sais plus si c'était avant 1933 ou après. Mais Felix Weissenberg ne se laissa pas faire : il donna une gifle à l'adversaire, ce qui ne resta pas sans conséquences. Au commissariat, pour expliquer l'incident, l'agresseur prétendit que c'était par mégarde qu'il avait fait le croc-en-jambe à mon père, lequel répondit immédiatement qu'il l'avait giflé par mégarde. Je crois avoir hérité de mon père une certaine intrépidité et le sens de la repartie.

Ma mère n'exerçait pas de profession, elle se contentait du rôle traditionnel de femme au foyer et de mère. Cela demeura ainsi quand mon père perdit son travail. J'étais encore une enfant, je ne sais donc pas combien de temps il put encore exercer son métier de photographe ou tout autre emploi, ni où il travaillait. J'ai déjà mentionné

---

4. La synagogue du 48-50 de la Lindenstrasse (aujourd'hui Axel-Springer-Strasse) fut construite selon les plans des architectes Cremer et Wolffenstein et inaugurée en 1891. L'intérieur fut détruit pendant la nuit du pogrom du 9 au 10 novembre 1938 (dite « Nuit de cristal »). À partir de 1939, la synagogue servit d'entrepôt à grains. Le 3 février 1945, l'édifice fut complètement détruit lors d'un raid aérien. Il y a aujourd'hui à son emplacement un bâtiment administratif moderne. Dans le passage conduisant à la cour, trois plaques commémorent l'ancienne synagogue.

Grand-père Gustav, Hanni et sa mère, grand-mère Cäcilie, Walter et Paula Oberländer, à Warnemünde, en 1929.

qu'il était en partie à son compte. Les adultes de mon entourage ne parlaient jamais de ces problèmes en présence des enfants et ne le firent pas non plus lorsque les choses s'aggravèrent.

À la fin des années 1920, mes grands-parents faisaient avec l'oncle Walter et la tante Paula des voyages d'été en mer Baltique, auxquels ma mère et moi participions aussi. J'ai un album avec de joyeuses photographies de Warnemünde, la station thermale maritime avec sa grande plage de sable, la plus grande de la côte baltique allemande. Ces images ont été préservées car l'oncle Walter, lorsqu'il émigra en France, emporta une valise avec des documents et des albums de photos. Elles remontent à l'époque où les familles juives pouvaient encore se rendre plus ou moins tranquillement dans les stations balnéaires de la Baltique. Quelques années plus tard, le fameux «antisémitisme balnéaire» prit la haute main.

Cäcilie et Gustav Oberländer avec leurs enfants
Alice et Walter, vers 1903.

Ma mère était une femme aimante et au grand cœur. Mais je crois qu'elle ne savait pas vraiment comment s'occuper d'un enfant et composer avec lui. Je me rends compte aujourd'hui que cela tenait en grande partie à son éducation. Elle était née en 1890, sous l'Empire. Il y avait alors des gouvernantes et des cuisinières dans les familles bourgeoises. Alice Oberländer avait grandi dans un milieu aisé. Au début du XXe siècle, la famille avait même vécu pendant un an à New York, mais était retournée ensuite à Berlin. Après coup, j'ai l'impression que ma mère n'était pas du tout préparée par son origine et son éducation à s'occuper d'une famille dans des temps économiquement difficiles, et qui le devinrent plus encore après 1933 pour nous les Juifs. Elle était simplement dépassée et probablement aussi très malheureuse. Tout comme mon père devait l'être également.

Mes parents étaient vraiment très pauvres et sans perspectives d'avenir. Aujourd'hui encore, je ne sais pas comment ils sont parvenus à faire face à la vie quotidienne. Et avant tout mon père, car c'était sur ses épaules que reposait le fardeau de la subsistance matérielle. Nous avons reçu jusqu'en 1934 une aide financière de l'État puis du soutien caritatif juif, mais je ne sais pas en quoi cela consistait exactement ni combien d'argent cela représentait. Il m'est impossible de comprendre comment mes parents payaient le loyer, le gaz, l'électricité, etc. Il fallait aussi manger, même modestement. J'ai connu une certaine pauvreté dans mon enfance. Je dois pourtant souligner encore que j'ai eu une enfance protégée, peut-être trop protégée. On voulait, je l'ai dit, tenir les enfants à l'écart des soucis, les préserver – ou bien on pensait simplement qu'ils n'y comprenaient rien. Notre situation avait probablement été meilleure avant 1933, bien qu'il ait aussi fallu se battre après la grande crise économique de la fin des années 1920. Je n'en étais pas consciente à l'époque. J'étais une petite fille, un enfant au vrai sens du terme, vivant dans un «cosmos enfantin», loin du monde réel des adultes.

Outre tous ces problèmes, mes parents étaient tous deux en mauvaise santé. Papa souffrait d'asthme sévère, maman de troubles cardiaques, d'hypertension, de problèmes biliaires, et par la suite d'une maladie rénale.

Comme toutes les filles de mon âge, j'allais à l'école, j'avais des amies, j'avais mes grands-parents, et aussi oncle Walter et tante Paula, qui n'ont pas eu d'enfant et aimaient donc beaucoup s'occuper de moi. De temps en temps, nous rendions également visite aux familles des sœurs de ma grand-mère maternelle, considérées comme la «parenté distinguée». Là, je ne devais en aucun cas – c'était la volonté de ma mère – parler berlinois, comme je le faisais autrement.

À quoi jouaient les enfants à l'époque? Aux petits chevaux, aux dames, au jeu du moulin, à la poupée ou aux jeux de construction. On découpait des personnages de papier pour les habiller comme des poupées. Ce souvenir est lié à tante Paula, car elle me fabriquait des personnages à partir de magazines de mode. Et, dehors, on jouait à la toupie, au cerceau ou encore aux billes, à la marelle ou à la balle au mur et à la corde à sauter. Je lisais beaucoup, de préférence des contes ou des récits de voyage, mais aussi des romans et des biographies. Je les recevais de mon papa, qui m'encourageait à lire. C'est aussi lui qui m'apprit à collectionner les timbres. Il me montra que l'attention, l'observation exacte et le respect d'un certain ordre sont ici indispensables – des règles de comportement qui m'ont beaucoup aidée, dans la vie, à maîtriser bien des situations difficiles. Malheureusement, j'ai perdu ma première collection. Mais je collectionne encore les timbres aujourd'hui.

Enfant, je savais déjà très bien que j'étais juive, mais je n'y attachais pas d'importance particulière. On me disait que c'était une question privée. Après 1933, mon père me répéta souvent d'éviter de réagir aux piques des autres enfants, mais aussi de ne pas me laisser faire et de me défendre si l'on m'attaquait. Je suppose qu'il m'a expliqué d'autres choses encore, mais je ne m'en souviens plus exactement. Ni si j'en ai vraiment tenu compte. Pour moi, le monde était encore intact. On ne discutait pas avec les adultes.

Après la prise du *pouvoir* par les nazis en 1933, un changement décisif affecta notre famille. Oncle Walter, qui avait tout juste 36 ans, et tante Paula, qui en avait 31, quittèrent Berlin. Comme Walter Oberländer l'a écrit dans une note biographique des années 1950, il fut licencié sans délai immédiatement après le début de la domination nazie, à la demande d'un associé «aryen» de la firme Hausbau-Wildpark West, un banquier nommé Kelm. L'accès aux locaux commerciaux lui fut interdit. Le couple se décida rapidement à émigrer, d'abord à Lugano, en Suisse, où vivait un parent. L'oncle et la tante ne prirent que quelques bagages avec eux. Dans l'une de leurs valises, ils transportaient d'importants papiers de famille et aussi, heureusement, plusieurs albums de photos qui furent profitables à mes souvenirs après la guerre. Mais ils sauvèrent aussi, en exil, des nappes et du cristal de la maison de mes grands-parents Oberländer. Après un certain temps, ils s'installèrent à Paris. Le couple vécut alors dans des hôtels meublés, sans avoir son propre foyer.

Un événement plus triste encore que le départ soudain de mon joyeux oncle et de sa femme si heureuse de vivre fut la mort inattendue de mon grand-père, un an plus tard. Il avait lui aussi été contraint de quitter son poste de directeur général de la Hausbau-Wildpark West et de céder ses parts – à cause du même banquier, aidé par des SA[5]. Comme l'a écrit oncle Walter, mon grand-père engagea une action en justice. Mais, à la suite de ces émotions, Gustav Oberländer, un homme imposant, mourut le 2 février 1934 à l'âge de 69 ans «sans avoir eu satisfaction». Il ne l'aurait

---

5. La *Sturmabteilung* (section d'assaut), abrégée en SA, était une organisation paramilitaire dont sera issue la SS *(Schutzstaffel),* l'une des principales organisations du régime national-socialiste [note de l'éditrice de la version française; «NDE» à partir de maintenant].

Cäcilie Oberländer vers 1930.

de toute façon probablement pas obtenue. Sa mort eut pour conséquence que sa femme dut quitter l'appartement de Halensee où j'avais passé des moments si beaux et si insouciants.

Un monde s'effondrait pour moi, mon monde d'enfant. J'avais maintenant 10 ans. Grand-mère Cäcilie, qui ne pouvait pas tenir seule la maison, emménagea alors chez sa belle-sœur Emma Oberländer, veuve depuis assez longtemps déjà. Elle vivait avec ses grands enfants au 20 de la Holsteinische Strasse, à Wilmersdorf[6]. Lors de nos visites là-bas, mes parents et moi avons également rencontré des connaissances non juives des Oberländer, le conseiller fiscal Günther Brüsehaber et son épouse, qui habitaient tout près, au 20 de la Nassauische Strasse, à l'angle de la Güntzelstrasse. Je ne pouvais bien sûr pas deviner alors quel rôle incroyablement important ces personnes devaient jouer dans ma vie quelques années plus

---

6. Dans l'annuaire juif du Grand Berlin, édition 1931, on trouve l'entrée : Oberländer, Emma, Wilmersdorf, Holsteinische Str. 20.

Gustav Oberländer vers 1930.

tard. Mes oncles Fritz et Heinz Oberländer, les cousins de ma mère, avaient des relations commerciales et amicales avec Günther Brüsehaber. Mon père aussi lui demanda une fois conseil.

Vers 1936, ma grand-mère dut encore changer de résidence. Elle s'installa au 5 de la Mackensenstrasse à Schöneberg, avec Emma Oberländer et ses enfants Heinz et Flora[7]. Le fils aîné d'Emma, Fritz, emménagea à cette époque avec son épouse, Ilse, dans un deux-pièces au 4 du Hohenzollerndamm – non loin de chez les Brüsehaber – où le couple vécut bientôt avec trois enfants, Edith (née en 1936), Mathel (née en 1939) et Berl (né en 1940).

Après la mort de son mari, ma grand-mère aurait voulu s'établir à Paris chez son fils, auquel elle était particulièrement attachée. Mais, sans un foyer stable et des revenus fixes, argumenta oncle Walter, il ne pouvait pas prendre

---

7. La partie nord de la Motzstrasse fut rebaptisée en 1934 du nom du maréchal prussien Ludwig August von Mackensen. Depuis 1998, elle s'appelle Else-Lasker-Schüler-Strasse, du nom de la poétesse juive qui y a vécu avant de fuir l'Allemagne nazie en 1933.

sa mère chez lui. Plus tard, alors que Cäcilie Oberländer était déjà dans le camp de transit et qu'elle était sur le point d'être déportée à Theresienstadt, elle me dit encore : « Vois-tu, j'ai emballé ma belle robe de chambre, peut-être un jour irai-je tout de même à Paris. »

Chapitre 2
SCOLARITÉ DANS LES ANNÉES 1930

Pour beaucoup de Juifs allemands, en particulier à Berlin, envoyer les enfants à l'école publique était une évidence et il en allait ainsi pour mes parents. À partir de 1931, je fréquentai l'école primaire proche de notre appartement de Kreuzberg, dans la Gneisenaustrasse (aujourd'hui école communale Lena-Morgenstern). Après la directive du 10 septembre 1935 du ministre de l'Éducation pour la mise en œuvre de la «séparation raciale» dans les écoles publiques (en particulier dans le primaire) et la publication cette année-là des «lois de Nuremberg», de plus en plus d'enfants et d'adolescents juifs se mirent à aller dans les écoles juives. Le 15 novembre 1938, peu de temps après la Nuit de cristal, la fréquentation des écoles publiques allemandes fut interdite aux Juifs parce qu'il «ne [peut] plus être exigé d'un professeur allemand […] qu'il dispense un enseignement à des écoliers juifs. Il se comprend aussi de soi-même qu'il est insupportable pour des élèves allemands d'être assis dans une salle de classe avec des Juifs», lit-on dans la circulaire subséquente. Mes parents anticipèrent cette interdiction en m'inscrivant dès 1935 à l'école Joseph-Lehmann de la Communauté juive réformiste, qui avait ouvert en août de cette même année au 13 de la Joachimsthaler Strasse[8].

Le bâtiment scolaire, qui avait été construit au début du XXe siècle pour accueillir la loge juive B'nai B'rith de Charlottenburg, avait une grande salle de loge, une petite salle des fêtes et plusieurs pièces. Une synagogue orthodoxe

---

8. L'école tenait son nom du Dr Joseph Lehmann (1872-1933), ancien rabbin de la Communauté juive réformiste de Berlin.

s'y trouve aujourd'hui. De l'extérieur, la nouvelle école me sembla ordinaire et insignifiante. Mais, quand on passait le portail, on se trouvait devant un impressionnant édifice dans lequel s'insérait une école moderne avec de hautes pièces lumineuses et tout le confort. La magnifique salle de loge était devenue un grand gymnase bien équipé. J'étais enthousiasmée par tout cela. Je fus particulièrement impressionnée par les cages d'escalier luxueuses, avec ascenseur et marches en marbre. Et il y avait le meilleur : ma nouvelle école était assez éloignée de notre appartement, de sorte que je ne pouvais m'y rendre, moi la fillette encore strictement protégée, qu'avec les transports en commun, ce qui m'ouvrit un tout nouveau genre d'indépendance : d'autres enfants, un nouveau quartier, le tramway pour aller à l'école ! Un grand tournant. Soudain, une sorte d'éveil se produisit en moi et je pris conscience de ne plus être l'enfant que j'étais auparavant.

Les exigences de cette école étaient assez élevées, car les enseignants étaient principalement d'anciens professeurs juifs du secondaire ou du supérieur qui ne pouvaient plus exercer dans les écoles publiques d'Allemagne[9]. Notre directeur, le Dr Fritz Wachsner[10], et les enseignantes et enseignants s'efforçaient, en ces temps difficiles et malgré toutes les restrictions venant des autorités nazies, de transmettre le plus grand savoir possible. Même si ceux qui

---

9. Sur la formation et l'organisation de l'école Joseph-Lehmann, voir Jörg H. Fehrs, *Von der Heidereutergasse zum Roseneck. Judische Schulen in Berlin 1712-1942* (« De la Heidereutergasse à Roseneck. Écoles juives à Berlin 1712-1942 »), Berlin, 1993, p. 286-290.
10. Fritz Wachsner (1886-1942), qui avait été professeur certifié au collège Schinkel à Prenzlauer Berg, devint en 1935 le premier directeur de l'école Joseph-Lehmann. De 1939 à 1941, il enseigna la chimie à l'École privée de chimie de la communauté juive de Berlin. Le 5 septembre 1942, Fritz Wachsner et sa femme, Paula, ont été déportés à Riga, où ils furent assassinés.

exerçaient là n'étaient pas tous enseignants de profession, ils le devinrent au cours du temps, et de plus en plus. Le petit et énergique Dr Wachsner tenait beaucoup à la discipline. Mon institutrice était Mlle Zwirn, une architecte diplômée[11] qui faisait honneur à son nom car elle était effectivement longue et mince comme un fil[12]. C'était un très bon professeur de calcul et de géométrie – sévère, mais on apprenait beaucoup avec elle. Mlle Zander, petite et rondelette, était professeur de gymnastique et d'allemand[13]. Le Dr Baron enseignait, je crois, l'histoire et la géographie. M. Philippson[14] essayait de nous faire comprendre la musique. Nous l'avons souvent mis en colère. Mme Brasch[15], notre professeure de religion, devait nous familiariser avec le Pentateuque[16]. Il y avait aussi un monsieur avec un drôle de nom, Spieldoch[17], dont nous nous payions souvent la tête. Il envoyait alors aux quatre coins de la salle de classe les « insolents goujats », comme il nommait les garçons

---

11. Stefanie Zwirn (1896-?) étudia l'architecture aux universités techniques de Berlin, Charlottenburg et Karlsruhe, et obtint son diplôme d'ingénieure en 1922. Grâce à des publications à fort tirage dans les années 1930, sa notoriété dépassa les cercles de spécialistes. Elle fut plus tard enrôlée au travail obligatoire dans les usines allemandes d'armes et de munitions à Bernau et fut portée « disparue », mais sans entrée dans le *Berliner Gedenkbuch* (Livre mémorial de Berlin).
12. *Zwirn* : fil, ficelle (NDT).
13. Marianne Zander est citée parmi les dix-sept noms d'enseignants de l'école Joseph-Lehmann en 1938 (Jörg H. Fehrs, *op. cit.*, p. 290).
14. Gustav Philippson (*ibid.*, p. 290).
15. Brigitte Brasch (*ibid.*, p. 290), née Remak en 1907 à Glogau (Silésie), avait étudié les mathématiques. Sa déportation étant imminente, elle se suicida avec sa mère en novembre 1942. Un pavé commémoratif lui rend hommage au 48 de la Leibnizstrasse.
16. Désignation grecque pour les cinq Livres de Moïse, que les Juifs nomment Torah.
17. Poignard pour jouer (NDT). Dr Erich Spieldoch (*ibid*, p. 290). Entrée dans le Livre mémorial de Berlin : Spieldoch, Erich, né le 31 décembre 1885 à Buk, Posnanie ; Charlottenburg, Kuno-Fischer-Str. 14 ; déporté le 3 mars 1943 à Auschwitz ; lieu de décès : Auschwitz ; disparu.

grossiers, et les «bavardes personnes», ainsi qu'il appelait les filles. Je me rappelle aussi le Dr Perl, surnommé par nous Perlette, un homme assez effacé qui essayait en vain d'obtenir le calme dans la classe. Le Dr Bäcker était invalide de guerre[18]. Nous savions qu'il avait longtemps vécu en Suède. Je me rappelle qu'il lisait d'une manière inoubliable *Le Merveilleux Voyage de Nils Holgersson à travers la Suède*, de Selma Lagerlöf, avec l'original suédois devant lui, qu'il traduisait directement. C'est lui qui aida plus tard mon camarade de classe Gert Berliner à fuir en Suède[19]. Notre idole à tous était cependant le Dr Günther Ballin[20], que nous nommions «Babyface», je ne sais pourquoi. Les garçons avaient trouvé en lui un camarade, et nous, les filles, étions toutes amoureuses de lui. Quand je regarde aujourd'hui sa photo, j'ai du mal à le comprendre, mais c'est avec lui que nous apprenions le mieux et le plus volontiers. Tels étaient les professeurs de ma classe en 1939.

Durant les mois d'été, notre cours de sport avait lieu un après-midi par semaine sur le gigantesque terrain Grunewald, que la communauté juive louait déjà avant 1933[21]. Il se trouvait à proximité de la station de S-Bahn

---

18. Dr Max Baker, né en 1889. Après le départ en 1938 du Dr Wachsner, il prit par intérim la direction de l'école jusqu'à l'arrivée de Paul Jacoby (*ibid.*, p. 286).
19. Gert Berliner, né en 1924 à Berlin, s'enfuit en Suède en 1939 avec un transport d'enfants. Ses parents, Sophie et Paul, furent assassinés en 1943 à Auschwitz. Il s'installa en 1947 à New York, où il devint peintre et photographe. Il y est décédé le 27 mars 2019 à 94 ans.
20. Le Dr Günther Ballin (1909-1981) étudia à partir de 1927 l'histoire et l'allemand à l'université Friedrich-Wilhelm de Berlin. Il obtint son doctorat en 1932 puis enseigna à l'école Joseph-Lehmann, où il rencontra sa future femme, Käthe. À partir de 1935, il fut aussi moniteur dans la Communauté juive réformée. Après son émigration en Argentine, il continua d'enseigner à Buenos Aires avec enthousiasme jusqu'à la retraite.
21. Le terrain de sport Grunewald devint le centre des événements sportifs juifs à Berlin, aussi bien pour les clubs que pour le sport scolaire. Voir Martin-Heinz Ehlert (dir.), *Der Grunewaldsportplatz* («Le terrain de sport Grunewald») *in* Jutta

Hanni avec des camarades de classe devant l'école Joseph-Lehmann, en 1938.

(«train express urbain») du même nom. Les mois les plus chauds, outre nos cours d'éducation physique, on y disputait des compétitions entre différentes écoles juives ou classes d'une école. Les points culminants de l'année étaient les fêtes sportives scolaires qu'organisait la communauté juive. Je me rappelle encore comment, lors d'une compétition, je laissai tomber d'excitation le bâton d'une course de relais au moment crucial, de sorte que la classe faillit me tomber dessus parce que nous avions manqué la première place.

J'ai des souvenirs encore vifs de beaucoup de mes camarades de classe. Aujourd'hui, ils sont dispersés dans le monde entier, s'ils ont survécu. Il y avait Inge Bruns, «métisse au premier degré». Son père, «aryen», était encore officier de la Wehrmacht au début de la guerre. Plus tard, alors que je

---

Fleckenstein et Lisa-Maria Tillian-Fink, *Verdrängt. Verfolgt. Vergessen. Berliner Juden im Sport vor und nach 1933* («Refoulés. Poursuivis. Oubliés. Les Juifs berlinois dans le sport avant et après 1933»), *Förderverein Blindes Vertrauen*, Berlin, 2016, p. 160 et suivantes.

Hanni (2ᵉ à gauche) avec sa classe à l'école Joseph-Lehmann, en 1939.

vivais depuis longtemps dans la clandestinité, je l'ai rencontrée par hasard dans le bunker du zoo, mais j'y reviendrai. Il y avait aussi Thea Dunnek, Ellen Götz et Helga Jonas, qui vécurent après la guerre aux États-Unis, à Los Angeles. Steffi Ries, la sœur d'Henry (Heinz) Ries, survécut parce qu'elle fut recueillie par sa bonne d'enfants. Elle émigra aussi aux États-Unis. Il y avait également Lore Stahl, Edith Schwarz (qui mourut à Berlin), Vera Mamlock (qui mourut à Londres), Hilde Kossatz, Ellen Sommerfeld, Lotte Meyer, Vera Wolff, une fille prénommée Stella, Hansi Silberstein (Nouvelle-Zélande), Hannelore Isaaksohn (Melbourne) et Eva Heimann ou Heymann (Sydney).

Ellen Götz, née comme moi en 1924, se cacha et survécut elle aussi. Après la guerre, j'ai entendu dire qu'elle aurait trouvé une place chez un illusionniste avec qui elle aurait même donné des spectacles devant la Wehrmacht[22].

---

22. Ellen Berger, née Götz, se cacha avec sa mère, Erna Götz, en janvier 1942. Les deux femmes furent cependant arrêtées. Au centre de détention provisoire

Parmi les garçons, je me souviens de Lothar Bick (États-Unis), Gert Kaiser, Heinz Wolff (il s'échappa en Angleterre avec un transport d'enfants et prit plus tard le nom d'Henry Wolff), Ullrich Wunsch, Ullrich Neukamp, Lothar Kalmann, Werner Sturm, Ulli Rosenfeld, Fritz Polke, Bernd Bresinski (ou Beresinski) et Hans Rosenthal. Peut-être y en avait-il encore quelques autres dont les noms m'échappent.

Peu de temps après la guerre, j'ai retrouvé ma camarade de classe et grande amie Hansi Silberstein. Je me rappelle encore comment les anniversaires des enfants et des adolescents étaient joyeusement fêtés dans sa famille à Lichterfelde. La boutique de ses parents, le « bazar Boga », se trouvait juste à côté de la station de S-Bahn du Jardin botanique. Son petit frère, Fred, fréquentait aussi l'école Joseph-Lehmann. Mais, après novembre 1938, c'en fut fini des fêtes d'anniversaire et de l'insouciance. Berthold Silberstein, leur père, fut envoyé pour plusieurs semaines au camp de concentration de Sachsenhausen après la Nuit de cristal. La famille dut ensuite quitter son spacieux appartement. En 1943, les deux enfants furent déportés à Auschwitz. Ils survécurent, contrairement aux parents, et émigrèrent en Nouvelle-Zélande quelque temps après la Libération. On apposa en 2010 un pavé commémoratif dans la Moltkestrasse à la mémoire des parents Silberstein.

Plus de quatre décennies plus tard, en 1981, quatre d'entre nous se retrouvèrent à Londres, quatre survivants de la classe de 1939. Chacun avait été secoué par le destin et emporté à tous les vents, mais le souvenir de nos années

---

de Tempelhof, elles furent séparées. Ellen Götz parvint à s'échapper de la prison en août 1943. Le sort de sa mère est inconnu. Elle mourut probablement lors d'un bombardement. Voir la base de données du *Gedenkstätte Stille Helden* (Mémorial des héros silencieux).

communes nous liait encore, et nous ne voulions pas que l'école Joseph-Lehmann soit complètement oubliée. Voilà pourquoi nous avons – au nom également de nos autres camarades – rédigé un mémoire. Il a paru en souvenir de tous les élèves et professeurs de l'école Joseph-Lehmann dans *aktuell*, le journal du Sénat de Berlin[23]. Les signataires de cet article sont Hansi et Fred Silberstein, Heinz (Henry) Wolff et Hanni Lévy-Weissenberg.

En 1945, après la Libération, je pus fêter dans notre ancien gymnase le premier service religieux juif d'après-guerre. Ce fut pour moi une expérience bouleversante. Ce n'est qu'en 1988 que je revis mon camarade de classe Gert Berliner, fils d'un pharmacien et garçon assez rebelle. Mais revenons à la période d'avant-guerre... J'ai participé plusieurs fois, quand j'étais collégienne, à des camps d'été que la communauté juive organisait pour les enfants et les adolescents et qu'elle payait pour moi. Je garde un souvenir particulier d'un séjour au Danemark que je fis à 11 ans avec un groupe, en 1935. Le voyage nous avait conduits de Berlin à Rostock puis, avec le ferry, à proximité d'Elseneur. Nous étions là une vingtaine de filles hébergées dans un fantastique petit foyer pour enfants qui appartenait à une fondation danoise (les garçons étaient séparés des filles). Nous fîmes même une escapade à Copenhague.

Une autre fois, nous nous rendîmes à Bad Salzelmen, près de Magdebourg, une station thermale avec un impressionnant bâtiment de graduation[24] et des bains d'eau saline, et deux fois à Schmiedeberg (dans la Sniejka), à la

---

23. Le périodique *aktuell* paraît depuis 1970 et est édité par la mairie de Berlin pour donner des informations sur la ville. D'anciens Berlinois qui furent persécutés à l'époque nazie et chassés de Berlin ont, grâce à *aktuell*, la possibilité de se tenir au courant de ce qui se passe dans leur ville d'origine.
24. Bâtiment où l'on fait évaporer l'eau de mer pour en exprimer le sel [NDE].

frontière tchèque, une autre fois encore à la mer Baltique. C'est dans ces camps d'été que j'ai entendu parler pour la première fois du sionisme. Les animateurs, des jeunes gens engagés, venaient du mouvement sioniste et parlaient avec un grand enthousiasme du peuple juif et de la terre d'Israël à leurs protégés. À cette époque, je répondais sur un ton de défi que j'étais allemande, comme je l'avais entendu dire chez moi. Je ne voulais rien savoir d'une autre patrie. Mais j'entonnais avec enthousiasme les chants sionistes que nous chantions ensemble. Nous avons aussi appris la « Hatikva[25] » pendant ces séjours d'été. À chaque fois que je l'ai raconté, par la suite, davantage de titres et de strophes me sont revenus en mémoire, par exemple la première strophe de cette chanson:

> « Là où le cèdre mince embrasse le nuage
> et où coule l'onde rapide du Jourdain,
> là où reposent les cendres de mes pères,
> le sang des Macchabées a trempé la terre.
> Ce sublime royaume au bord de la mer bleue
> c'est ma chère, familière patrie[26] ! »

À travers de tels chants, dont je ne comprenais alors que partiellement le contenu, j'eus un aperçu sur un monde complètement nouveau, mais qui me resta assez étranger. Quelques-unes de ces chansons se sont pourtant

---

25. « Hatikva » est le titre de l'hymne national israélien. Le texte reprend sous forme abrégée le poème « Tikvatenu » (« Notre espoir »), écrit en 1878 par Naphtali Herz Imber. Il devint en 1907 l'« hymne national » du mouvement sioniste.
26. L'auteur cette chanson, intitulée « Sehnsucht » (« Nostalgie »), est Itzhak Feld (1862-1922), poète de langue allemande, avocat à Lemberg (Lvov) et membre du mouvement sioniste de Galice. La chanson fut publiée pour la première fois en 1885 dans le magazine sioniste *Selbst-Emancipation* (« Auto-émancipation »), édité par Nathan Birnbaum. À partir de 1896, elle fut chantée dans toute l'Europe lors des rassemblements sionistes, ainsi qu'en Palestine par les colons juifs.

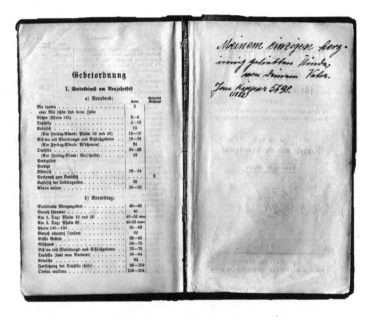

Livre de prières d'Hanni avec la dédicace de son père,
Felix Weissenberg, en 1937.
Photo : Oranna Dimmig

imprimées en moi et sont liées au souvenir de ces belles semaines d'été. C'est surtout le sentiment de communauté qui naissait lorsque nous chantions qui demeure très présent en moi.

En automne 1937, le « jour du Grand Pardon », mon père m'offrit un merveilleux livre de prières en hébreu et en allemand, qu'il orna d'une dédicace manuscrite : « À mon enfant tendrement aimé, de ton père, Yom Kippour 5698 ». Il avait fait broder spécialement pour moi le signet avec l'inscription hébraïque. Je conserve aujourd'hui encore ce livre dans une vitrine. Mes enfants et petits-enfants continueront à l'honorer.

Kurt Pralat vers 1941.

Bien que j'aie fréquenté l'école juive à partir de 1935, je n'avais pas que des amis juifs. Vers 1937, je fis la connaissance en une occasion mémorable d'un garçon de mon âge qui habitait notre rue à Kreuzberg. J'étais assez petite pour mes 13 ans et j'avais souvent du mal à me défendre contre les garçons du voisinage, qui, à cette époque, n'en restaient pas toujours aux injures avec la jeune fille juive que j'étais. Cependant, lorsque je sortais pour faire les courses ou pour jouer, je rencontrais souvent un garçon de belle allure qui me souriait gentiment chaque fois qu'il me voyait. Cela me plaisait beaucoup, mais ma situation, tout d'abord, était différente de celle des autres jeunes, et puis, à cette époque, on était encore à moitié un enfant à l'âge que j'avais. Les choses en restaient donc à un sourire timide.

Un après-midi, cependant, il arriva que je dusse de nouveau me défendre contre des jeunes gens qui m'attaquaient dans la rue parce que j'étais juive. Je venais de donner une gifle retentissante à l'un de mes assaillants lorsque je vis au loin surgir mon idole. Il me vint à l'esprit en un éclair que c'en serait fini des sourires s'il apprenait que j'étais juive. À ce moment, je reçus du garçon furieux contre qui je m'étais défendue un violent coup sur le nez. Je me mis à saigner et il me fallut capituler et quitter le terrain. Mais, peu après, je retournai dans la rue pour voir ce qui se passait. Je n'en crus pas mes yeux! Mon idole était là, qui donnait une correction en règle à mon agresseur. Je ne m'y attendais pas le moins du monde. C'est de cette manière que débuta une vraie amitié entre ce garçon et moi, à l'encontre de toutes les lois et de l'étoile jaune à venir.

Le garçon se nommait Kurt Pralat, surnommé Kutti. Il habitait lui aussi dans la Solmsstrasse, au numéro 8, du côté opposé à notre maison, à proximité du cimetière au bout de la rue. Kutti venait d'une famille catholique et ne faisait pas partie, à ma connaissance, des Jeunesses hitlériennes. Sa mère était repasseuse et il devait de temps en temps livrer le linge[27]. Kutti – qui, comme je l'appris, avait quelques mois de moins que moi – vint ensuite me chercher aussi souvent qu'il le pouvait, pas seulement pour porter du linge, mais aussi pour que nous nous promenions ensemble. Il le fit encore après la Nuit de cristal de novembre 1938. La plupart du temps, nous ne restions pas dans la Solmsstrasse, où l'on nous connaissait tous les deux. À un moment, cependant, nous nous sommes un peu perdus de vue. Kutti avait entamé une formation professionnelle et commençait à penser à l'avenir, tandis que nous, les Juifs, tâchions en quelque sorte de nous débrouiller. Mais cette distance temporaire ne signifiait absolument pas la fin de notre amitié, comme on le verra par la suite.

---

27. Entrée dans l'annuaire de Berlin de 1943: Solmsstrasse 8, Martha Pralat, repasseuse.

Chapitre 3
POGROM DE NOVEMBRE ET TRAVAIL OBLIGATOIRE

Avec la Nuit de cristal, du 9 au 10 novembre 1938, mon enfance, que j'avais jusqu'alors vécue comme protégée, prit fin dans la terreur de manière irréversible (nous ne connaissions pas alors le mot «pogrom»). Sur le chemin de l'école, au matin du 10 novembre, dans la Joachimsthaler Strasse, que je parcourais en tram, je vis avec horreur toutes les dévastations, les vitres brisées et les magasins pillés, en particulier sur le Kurfürstendamm; des scènes que je ne pouvais m'expliquer. Dès notre arrivée à l'école, nous avons tous été renvoyés chez nous pour la journée. Je ne vis pas brûler de synagogue car il n'y en avait pas sur mon trajet.

Après ce moment de terreur inconcevable, mes parents prirent définitivement conscience de la situation sans issue dans laquelle nous, les Juifs, nous trouvions en Allemagne. Mon père était une personne calme et réfléchie qui s'occupait beaucoup de moi. Je pense qu'il s'inquiétait beacoup pour ma mère et moi et qu'il était amer et triste. Après 1933, mes parents n'avaient pas envisagé la possibilité d'émigrer. Mon père s'était longtemps accroché à la conviction que rien ne nous arriverait, à nous les Juifs allemands. Felix Weissenberg était membre de la Fédération du Reich des soldats juifs du front[28] et se sentait juif et «fier allemand». En 1934, il avait reçu la Croix d'honneur de la Guerre mondiale, instaurée par le président du Reich

---

28. Le *Reichsbund jüdischer Frontsoldaten* (RJF) fut fondé en 1919 en tant qu'association de soldats juifs allemands ayant combattu pendant la Première Guerre mondiale. Son objectif était la défense contre l'antisémitisme. Son argument principal était que, sur les 85 000 soldats juifs de la Première Guerre mondiale, 12 000 étaient morts pour l'Allemagne.

Paul von Hindenburg, qui était alors encore décernée aux Juifs[29]. Je me rappelle parfaitement comment il m'avait envoyée à l'école avec cette croix pour la montrer à l'institutrice. «Ton père n'était pas un Juif lâche!» Ses mots exprimaient clairement combien l'offense qui lui avait été faite était profonde. L'institutrice la montra alors à toute la classe et je me suis sentie très fière de mon père.

Lorsque la situation professionnelle de papa devint complètement sans issue, il se tourna, selon mes souvenirs, en tant qu'ancien reporter de l'escadron Richthofen, vers Hermann Göring, qui avait repris le commandement de l'escadron après la mort de Richthofen et était devenu ministre-président de Prusse. Mon père lui écrivit à Karinhall en joignant des photographies pour demander urgemment un poste de photographe. Lorsqu'il se rendit ensuite au bureau de l'emploi, il remarqua sur la table de la personne chargée du dossier une lettre portant la mention «lui donner absolument du travail». Il put alors travailler jusque vers 1938 dans la chambre noire d'un photographe «aryen», probablement dans la Lindenstrasse, car, là, on ne pouvait pas le voir.

Nous n'avions ni argent ni relations qui nous auraient permis de chercher refuge dans un autre pays. Nous ne pouvions pas non plus aller en France chez mon oncle, qui n'avait pas même pu y faire venir sa mère. Quand mon père voulut émigrer après le pogrom de novembre 1938, il était trop tard. Tous les pays étaient devenus «difficiles»

---

29. Des opposants au régime nazi et des combattants juifs de la Première Guerre mondiale demandèrent la Croix d'honneur, créée le 13 juillet 1934 à l'occasion du 20ᵉ anniversaire du début de la guerre, car ils croyaient que cette distinction les protégerait contre les persécutions politiques et racistes. Source: Michael Berger, *Für Kaiser, Reich und Vaterland. Jüdische Soldaten* («Pour l'empereur, l'Empire et la patrie. Soldats juifs»), Zurich, 2015, p. 176.

Hanni vers 1938.

quant au choix des immigrants. Mes parents n'étaient pas en bonne santé et ils étaient encombrés d'une vieille femme et d'un enfant. Cela n'augmentait pas vraiment leurs chances. Je ne sais pas s'ils ont envisagé de m'envoyer à l'étranger avec un des transports d'enfants, mais je crois plutôt qu'ils voulaient garder leur fille unique avec eux.

Au printemps 1939, ma scolarité obligatoire prit fin à l'école Joseph-Lehmann. J'ai travaillé ensuite pendant environ un an comme bonne d'enfants chez une famille juive qui avait une pharmacie dans la Ritterstrasse, à Kreuzberg. Mon père, entre-temps, avait perdu son travail dans la chambre noire et avait été enrôlé au travail obligatoire de ramassage de pommes de terre, malgré son grave problème d'asthme. Je ne me rappelle pas où il fut employé. Il ne résista pas longtemps à cette charge. Le jeudi 25 janvier 1940, il mourut à l'hôpital juif de l'Iranische Strasse à l'âge de 56 ans, deux mois avant mon seizième

Hanni vers 1939.

anniversaire. Il fut enterré dans le cimetière juif de Berlin-Weissensee. J'étais maintenant seule avec ma mère. En raison de sa grave maladie, elle fut considérée comme inapte au travail et exemptée du travail obligatoire.

Au printemps 1940, je pus commencer un apprentissage de modiste, où je retrouvai ma camarade de classe Steffi Ries. Cette formation était proposée et financée par la communauté juive de la Rosenthaler Strasse. Nous n'avions plus de ressources financières. L'apprentissage devait durer six mois, mais, au bout de trois mois seulement, Mlle Blumenreich, qui était en charge des jeunes de la communauté, me dit que je devais me rendre à la Fontanepromenade, à Kreuzberg, où se trouvait, de 1938 à 1945, le « Bureau central pour les Juifs » de l'Office pour l'emploi de Berlin, qui envoyait les Juifs au travail obligatoire. Là, on me demanda de me présenter à la *« Zehlendorfer Spinnstoffwerke AG »* (usine textile de Zehlendorf), communément appelée la *«Spinne»* («l'Araignée»). Elle se trouvait d'ailleurs davantage dans le quartier de Teltow qu'à Zehlendorf[30]. Je n'avais bien sûr aucune idée de ce qui m'attendait là-bas. Je n'avais encore jamais vu d'usine de près, sans parler d'y être entrée.

Je revois aujourd'hui ma situation dans l'entreprise de textile. Le 22 juillet 1940, avec mes 16 ans, j'ai commencé à y travailler en équipe de jour ou de nuit. Dès le début, nous avons dû porter un brassard jaune dans l'usine, bien que l'obligation faite à tous les Juifs, dans le Reich allemand, d'être identifiables ne soit entrée en vigueur qu'en septembre 1941. Nous avions été affectés dans une «section juive» dont l'entrée était interdite aux non-Juifs. Cela signifiait que nous étions complètement isolés et n'avions aucun contact avec les autres travailleurs, ce qui ne les empêcha pas de passer nous regarder par curiosité, pour voir à quoi nous ressemblions, nous, les Juifs. *Der Sturmer*[31] représentait les Juifs en caricatures dans sa propagande antisémite, avec leurs prétendues caractéristiques physiques. Je crois que les travailleurs de l'usine textile ont été très déçus par notre apparence.

---

30. L'usine textile de Zehlendorf fut construite en 1919 pour la production de soie artificielle. Les locaux étaient situés dans la zone industrielle de la Görzalee avec accès au canal de Teltow. Avec la conjonction d'une teinturerie, d'une filature et la production de viscose à partir de 1934, «l'Araignée» était prospère et mit au point un nouveau procédé de traitement de la soie artificielle. La politique d'autarcie nationale-socialiste permit à «l'Araignée» de gagner en importance car le pays souhaitait devenir indépendant des importations de coton.

31. *Der Stürmer* («L'Attaquant»), hebdomadaire antisémite, fut fondé le 20 avril 1923 à Nuremberg par Julius Streicher. Au moyen d'agressives caricatures, il voulait montrer aux lecteurs à quel point «les Juifs» avaient un aspect et un comportement répugnants. *Der Stürmer* contribua à leur exclusion économique, sociale et physique de la «Volksgemeinschaft» (communauté populaire). Cet organe de presse était diffusé mondialement et parut jusqu'en février 1945.

La famille Weissenberg vers 1939.

De Kreuzberg, je dus faire plus d'une heure de tramway puis marcher un peu avant d'arriver devant la porte de l'usine. Mais pas seule! Il y avait avec moi beaucoup de jeunes dans la même situation, presque tous âgés de 16 à 18 ans, des garçons et des filles. Je trouvais assez réconfortant que nous fussions à peu près du même âge. Nous attendîmes la suite des événements. On nous mena à notre futur poste de travail, la filature. Sur la porte, on pouvait lire sur un grand panneau jaune: «section juive». Nous avons reçu les brassards jaunes pour que l'on puisse nous reconnaître et nous avons ensuite été conduits auprès d'un chef de département, M. Lembach. Un peu replet, il avait l'air en réalité tout à fait cordial. Avec le temps, nous avons réalisé qu'il n'était pas méchant. Peut-être avait-il été autrefois communiste, opposant aux nazis dans une vie précédente? On ne pouvait pas en dire autant de la responsable d'équipe, Mme Brösicke. Cette grande et rude femme ressemblait à une vraie gardienne de prison et se comportait malheureusement comme telle.

Il y avait une autre section juive où travaillaient les femmes plus âgées. Le bobinage se faisait sous la surveillance de Mme Runge, une femme d'environ 40 ans, très jolie. Elle avait les cheveux clairs et semblait amicale. J'ai travaillé de temps en temps dans cette section-là, qui était plus calme. Je pense que Mme Runge était une honnête femme, compte tenu de l'époque. Nous étions divisés en équipes de jour et de nuit, ce qui était difficile pour nous, les jeunes.

Cette usine fabriquait des fibres synthétiques pour la cellulose, des matières faites avec du soufre et d'autres produits. Les hommes juifs devaient travailler à cette fabrication puante et dangereuse presque sans limite d'âge. Et sans aucune protection. Ils avaient le plus souvent les yeux gonflés et d'autres fâcheux symptômes. Ils partageaient leur malheur avec des prisonniers de guerre russes et d'autres victimes de ce régime cruel.

En décembre 1952, Grete Pinner – la mère de Peter, un jeune homme que j'avais connu à l'usine – écrivit au sujet des conditions de vie pendant le travail obligatoire: «Au bout de peu de temps, mon fils présenta lui aussi des blessures douloureuses et des inflammations. Cela venait du contact avec les fils synthétiques. [...] Comme on utilisait aussi des gaz toxiques, de graves problèmes oculaires apparurent également.» Bien que Peter eût une mère non juive, il fut déporté à Theresienstadt à la fin du mois de juillet 1942, à 20 ans, en tant que «considéré comme Juif» *(Geltungsjude)*. Il put voir la Libération mais mourut quelques mois plus tard à Berlin des suites de son emprisonnement[32].

---

32. Peter Pinner (né en 1922) fut déporté au ghetto de Theresienstadt le 31 juillet 1942. Dans le *Theresienstädter Gedenkbuch* (Livre mémorial de Theresienstadt), il est écrit: «Libéré de Theresienstadt» (p. 259). D'après sa mère, il mourut à 23 ans en septembre 1945.

La filature était une salle immense, à deux étages, pleine de machines longues et hautes. C'est là que tournaient des bobines de métal avec cette souple viscose très fragile. Il devait toujours y avoir une température assez élevée dans cette halle, et aucun courant d'air, sinon les fils se déchiraient. C'était bien en hiver, mais à peine supportable en été.

On plaçait le fil sur des bobines de métal posées sur un tube en carton, qui tournaient très rapidement sur un axe vertical. Le fil était entraîné vers le haut, où un rouleau tournait horizontalement. Il était ainsi tordu par les rotations de sens opposés. Une sorte de crochet conduisait le fil d'avant en arrière pour que le rouleau final, après une sorte de zigzag, soit prêt à être utilisé. Les machines fonctionnaient sans interruption. Il fallait huit heures aux bobines pour se vider. Chaque équipe devait alors rembobiner, et tout cela se poursuivait jour et nuit. Mais, avant que les bobines de métal n'arrivent pour le débobinage, on les montait de l'atelier de soufre vers la salle des bobines, où elles étaient nettoyées par des tours. Ainsi naissait un fil utilisé pour tisser certaines étoffes.

Je ne sais plus si ma camarade et future amie Helga Neisser a commencé en même temps que moi. Elle était en tout cas dans l'autre équipe, qui alternait avec nous. Elle était très jolie. Avec le temps, des amitiés naquirent et de petits groupes se formèrent, et même des couples. On s'était plus ou moins ajustés à la situation et on gardait l'espoir d'être laissés tranquilles. Qui aurait pu prévoir, ou même savoir, que l'inimaginable était encore devant nous ? Nous étions jeunes et certainement plus naïfs que ne le sont les jeunes du même âge aujourd'hui. Mais nous n'avions pas d'autre choix que de vivre au jour le jour.

On nous payait bien sûr le minimum. Une fois formés, nous avons vite dû travailler de manière coordonnée afin que les bobines puissent être changées avant le changement d'équipe. J'en étais physiquement incapable, et on semblait le reconnaître car on m'a bientôt mis un balai dans les mains et je suis devenue femme de ménage. Je devais veiller à ce que les toilettes soient propres, balayer les peluches entre les machines et réchauffer les récipients contenant la frugale nourriture que nous devions bien sûr apporter nous-mêmes.

Ce travail avait beaucoup d'avantages. Je pouvais me balader partout sans problème, effectuer des «commissions» pour des camarades, me distraire un peu, etc. Il y avait toujours une grande affluence aux toilettes car, là, on pouvait se parler, pas longtemps bien sûr. Discuter pendant les heures de travail était interdit. On devait faire très attention. La responsable d'équipe profitait de chaque infraction pour nous punir, même physiquement. Puisque je devais réchauffer la nourriture, je pouvais rester un peu plus longtemps dans la «salle à manger». Compte tenu des circonstances, je fus pendant un certain temps plutôt satisfaite. Cela devait malheureusement bientôt changer complètement. Les raids aériens sur Berlin devinrent plus fréquents et plus longs. Nous devions alors quitter le travail à la hâte et nous rendre à l'abri antiaérien de l'usine. D'une certaine façon, bien sûr, nous étions contents de ces interruptions, mais seulement lorsqu'elles se produisaient pendant la journée. Il en allait tout autrement pendant le quart de nuit. On sortait alors généralement de l'usine au milieu de la nuit, et il n'y avait plus ni métro ni tramway, du moins pas pour tout le trajet. Je devais prendre le S-Bahn et, comme je me trouvais très loin d'une station, je devais traverser Berlin dans l'obscurité, seule, sans une âme dans les rues. C'était particulièrement difficile en hiver. Il me fallait parfois plus d'une heure pour rentrer à la maison à pied. Étrangement, je n'avais pas peur de faire le trajet seule. Mais ma pauvre mère, gravement malade du cœur, mourait de peur chaque nuit jusqu'à mon retour. En outre, étant juive, elle n'était pas autorisée à se rendre dans l'abri antiaérien de la maison et devait supporter les bombardements seule dans l'appartement.

J'ai déjà mentionné que je travaillais dans l'équipe de jour ou dans celle de nuit, et les avions alliés nous survolaient désormais souvent le soir. On peut à peine imaginer cela aujourd'hui, ni même comment on traversait seul la ville en plein milieu de la nuit. Qui connaît Berlin peut se faire une idée de la distance qui sépare la station de S-Bahn Tempelhof de la Gneisenaustrasse. La plupart des trains ne continuaient pas leur route ensuite. La peur que ma mère devait endurer à cause de moi faisait empirer son état, ce qui était particulièrement grave car il n'y avait presque pas d'assistance médicale pour nous, les Juifs.

J'ai pourtant vécu aussi des choses étonnantes pendant cette période. Un jour, un aimable garçon me demanda s'il pouvait m'offrir un cornet de glace. Deux jours plus tard, je le rencontrai de nouveau dans la Gneisenaustrasse et il me demanda s'il était vrai que j'étais juive. Il lui serait alors interdit d'être en contact avec moi. « Mais ne t'inquiète pas », dit-il encore. Après cela, il vint souvent me chercher à la station pour me raccompagner chez moi, ou bien il roulait à vélo à côté de mon tramway jusqu'à Teltow. Nous nous asseyions parfois sur un banc et parlions gentiment, et il y eut aussi de prudents contacts physiques. Il s'appelait Werner Dorn. Malheureusement, lui aussi est mort à la guerre. Ces deux garçons, Kutti et lui, je les ai beaucoup aimés. Kutti m'a même donné un baiser, une fois ; personne ne l'a vu.

Un soir, ma mère m'accueillit avec une grande excitation. On avait sonné à la porte tard dans la soirée. Morte de peur, elle s'était décidée à ouvrir. À sa grande surprise, Kutti se trouvait devant la porte et avait demandé à me voir. Elle l'avait fait entrer dans l'appartement et lui avait tout raconté : mon travail obligatoire, l'interdiction d'aller dans l'abri antiaérien et le début des rafles, dont on ne savait rien en réalité. Il était resté avec elle jusqu'à l'alerte. Quand il fut parti, ma mère trouva deux marks sur la table. À partir de ce moment-là, Kutti vint chaque soir jusqu'à ce que les sirènes commencent à hurler, et chaque fois il laissait quelque chose : des fruits, du chocolat ou de l'argent. Il est aussi venu certains soirs quand j'étais à la maison après le quart de jour. Nous jouions alors aux cartes jusqu'à ce qu'il doive partir. Il était encore si jeune, avec ses 17 ans ; il avait un tel sens des responsabilités et tant de compassion ; et il avait tant de courage.

Un jour, cependant, la gardienne fit une remarque haineuse et mauvaise à ma mère au sujet des visites de Kutti, qui avaient visiblement été observées. À la suite de quoi je le priai par lettre de ne plus venir, car c'était trop dangereux pour nous tous : le contact entre «Aryens» et Juifs était interdit. La réponse de Kutti consista en sa venue en personne, car il n'admettait pas cette interdiction. Il continua donc à nous rendre visite, mais plus rarement et prudemment. Aujourd'hui encore, je peux à peine concevoir qu'un si jeune homme ait agi ainsi dans de telles circonstances. Nous sommes donc restés en contact. Aujourd'hui, Kutti est pour moi un héros !

L'amie Dorle (nom de famille inconnu) vers 1941.

Edith Neumann vers 1941.

Je me souviens encore très bien de nombreux jeunes gens de notre section juive de « l'Araignée ». Il y avait Horst Kirchner et Horst Seeliger, surnommé « le petit »; Horst Werner, l'ami d'Helga Neisser; le plus beau d'entre eux, Hans Bossack; et d'autres dont j'ai oublié les noms. Il y avait mes amies Dorle et Edith Neumann[33]. Kutti, par la suite, a fait la connaissance de mes camarades de l'usine et intégré notre cercle. De temps en temps, il était présent lorsque nous nous retrouvions chez l'un ou l'autre de mes collègues de travail juifs. On faisait jouer le gramophone et on dansait. Beaucoup vivaient dans le quartier de la Rosenthaler Strasse, à Berlin-Mitte. Ma meilleure amie, Dorle, dont je ne me rappelle hélas pas le nom de famille, habitait près du pont de Jannowitz, Lilo Epstein dans la

---

33. Livre mémorial de Berlin : Edith Neumann, née le 4 mars 1926 à Berlin ; Prenzlauer Berg, Senefelderstr. 27 ; 33ᵉ convoi du 3 mars 1943, Auschwitz ; lieu de décès : Auschwitz.

Horst Seeliger vers 1941.

Hans Bossack vers 1941.

Sybelstrasse, Horst Seeliger à la porte Hallesches et Hans Bossack dans la Bülowstrasse, à Schöneberg.

Les rencontres amicales avec Kutti et nos heures insouciantes prirent fin abruptement. En octobre 1942, Kurt Pralat fut enrôlé dans la Wehrmacht à l'âge de 18 ans. Il m'écrivit une lettre d'adieu de la caserne de Ruhleben, où il avait dû se rendre avant d'être envoyé sur le front de l'Est. Dans cette lettre, il me disait qu'il n'avait malheureusement pas la possibilité de me revoir car il n'avait pas le droit de sortir de la caserne, mais que, pour lui, le plus important était de garder le contact avec moi. Et il me demandait de ne pas l'oublier si quelque chose devait lui arriver. Je parvins à rester plus d'un an en relation épistolaire avec Kutti, même lorsque, quelques mois plus tard, je vécus cachée.

Kutti m'écrivit assez longtemps à l'adresse d'Helga Neisser, mon amie de l'usine de textile, qui vivait avec ses parents dans la Rosenthaler Strasse. Grâce à sa mère

« aryenne », Helga et son père, qui avait possédé une imprimerie, étaient préservés de la déportation. Mais un jour, ce devait être à l'automne 1943, Helga reçut la visite de Rolf Isaaksohn, qui avait travaillé avec nous à « l'Araignée ». Il prétendit faire partie de ceux qui s'étaient cachés et bavarda avec elle de manière apparemment innocente. Il essaya de la faire parler de différents camarades et de l'endroit où ils vivaient. Heureusement, Helga eut des soupçons et comprit vite ce que voulait Rolf : obtenir le plus de détails possible sur les Juifs cachés. Il nous avait toujours semblé un peu louche. Helga me prévint immédiatement. Nous n'étions pas tout à fait sûres que Rolf fût l'un de ces « grappins » recrutés par la Gestapo, qui pratiquait une chasse systématique aux Juifs[34], mais j'écrivis immédiatement à Kutti d'envoyer dorénavant son courrier chez Fritz Matschkowski, dans la Mackensenstrasse. Fin 1943, je reçus à cette adresse la bonne nouvelle qu'il allait enfin avoir une permission et que nous pourrions nous revoir. La lettre joyeuse dans laquelle je lui demandais comment et où nous devions nous retrouver revint chez les Matschkowski au printemps 1944 avec la note lapidaire « porté disparu[35] ». Je n'ai jamais vraiment surmonté ce

---

34. Sur le « service de recherche juif », dont beaucoup de Juifs qui se cachaient à Berlin furent victimes, voir : Doris Tausendfreund, *Erzwungener Verrat. Jüdische „Greifer" im Dienst der Gestapo 1943-1945* (« Trahison forcée. "Grappins" juifs au service de la Gestapo »), Berlin 2006. Sur Rolf Isaaksohn, voir p. 152-157 : Isaaksohn, né en 1921, s'était lui-même caché et avait été emprisonné. À partir d'octobre 1943, il travailla à chercher les Juifs, souvent avec sa future épouse, la tristement célèbre Stella Kübler. Il avait beaucoup de « succès » parce que, grâce à la période qu'il avait passée dans « l'illégalité » et à son activité de falsification de passeports, il connaissait beaucoup de Juifs vivant « illégalement ». Il s'enfuit de Berlin le 17 avril 1945. Toutes les recherches pour le retrouver restèrent vaines. Il fut déclaré mort en 1957.
35. WASt : le 5 février 1944, Kurt Pralat, soldat du 421e régiment de grenadiers, 3e compagnie, fut porté disparu à Dimitrewska.

choc même si, au début, j'ai gardé l'espoir que « disparu » ne signifie pas nécessairement mort.

Ce n'est que des décennies après la fin de la guerre que j'ai appris la triste vérité. Quand je suis revenue à Berlin à l'été 1995, en tant que témoin de cette époque, j'ai pris mon courage à deux mains et appelé des personnes qui portaient le nom de Pralat dans l'annuaire téléphonique. J'ai eu de la chance car j'ai pu joindre la nièce de Kutti, la fille de son frère. Elle m'apprit qu'il était effectivement mort à la guerre. J'ai alors perdu un espoir longtemps conservé, mais j'eus la satisfaction de pouvoir tout raconter à sa nièce. Ainsi, elle et son père ont pu apprendre le comportement extraordinairement courageux de Kurt Pralat. Au frère de Kutti, j'ai écrit :

« Kurt fut mon meilleur ami dans ces temps difficiles, et nous étions si jeunes ! Il avait beaucoup de courage, car l'amitié qu'il entretenait avec ma mère et moi lui était interdite, et pourtant il m'a écrit une lettre de la caserne de Ruhleben. Il m'a demandé de ne pas l'oublier, mais, même sans cette demande, cela m'aurait été impossible. Comme je devais vivre cachée, nous nous sommes écrit sous une adresse de couverture jusqu'à sa disparition. Malheureusement, je n'ai pas pu garder cette correspondance. Je n'ai plus qu'une très courte lettre, deux photos et la lettre de Ruhleben. Mes enfants connaissent aussi l'histoire de Kurt et son attitude. »

Malheureusement, je n'ai reçu aucune réaction à ces messages.

Depuis le début des déportations systématiques à Berlin, le 18 octobre 1941, je recevais des lettres d'adieu de camarades de l'usine. Ils étaient désespérés, mais ils ne pouvaient se faire aucune idée de l'horreur qui les attendait ; aucun de nous n'aurait pu l'imaginer.

Je m'étais particulièrement liée avec Sala Zyskind, une fille pleine d'entrain et de joie de vivre, et j'ai gardé jusqu'à aujourd'hui certaines des petites choses que nous avions échangées. Elle habitait au 17 de la Auguststrasse, dans le bâtiment voisin du foyer pour enfants juifs Ahava, qui a été actif entre 1916 et 1939, à Spandau, dans le quartier Berlin-Mitte. Dans l'immeuble de Sala se trouvaient diverses institutions juives, entre autres un refuge pour femmes et filles pauvres qui dépendait du bureau d'aide sociale de la communauté. Il fut renommé en 1936 « Foyer des jeunes filles et femmes de la communauté juive[36] ». Le centre d'aide sociale juif, qui soutenait ma famille, se trouvait également là. Depuis l'été 1941, la maison du n° 17 servait probablement aussi de foyer d'accueil pour les Juives et Juifs désormais sans abri[37]. Je ne me rappelle plus à partir de quand Sala fut logée là, ni si elle vivait avec sa mère. Elle faisait partie des camarades de l'usine qui furent touchés dès le début par les déportations. Le 1er novembre 1941, dix jours avant son dix-septième anniversaire, elle fut déportée de Berlin dans le quatrième convoi, avec 1 029 autres personnes, vers le ghetto établi par les Allemands à Litzmannstadt (Lodz), en Pologne occupée[38].

Sala fut apparemment la seule résidente du 17 de la Auguststrasse à faire partie de ce convoi. À des dates ultérieures, soixante-cinq personnes de tous âges dont c'était la

---

36. Regina Scheer, *Ahawa. Das vergessene Haus* (« La maison oubliée »), Berlin, 1992, p. 94-108.
37. Akim Jah, *Die Deportation der Juden aus Berlin. Die nationalsozialistische Vernichtungspolitik und das Sammellager Große Hamburger Straße* (« La déportation des Juifs de Berlin. La politique d'extermination nationale-socialiste et le camp de transit de la Grosse Hamburger Strasse »), Berlin, 2013, p. 308.
38. Livre mémorial de Berlin : Sala Zyskind, née le 11 novembre 1924 à Berlin ; Mitte, Auguststr. 17 ; 4e convoi du 1er novembre 1941, Lodz ; lieu de décès : Litzmannstadt/Lodz.

Pogrom de novembre et travail obligatoire

Sala Zyskind vers 1941.

dernière adresse sont répertoriées dans le Livre mémorial de Berlin. Un mois après la déportation de Sala, le 9 décembre, une carte désespérée me parvint. Il en ressort que la jeune fille de 17 ans fut apparemment déportée seule, sans sa mère.

« Très chère Hanni, les larmes aux yeux et me languissant de toi, mon cher petit bonhomme, j'écris les premiers saluts depuis mon nouvel appartement, ici à Litzmannstadt, Sulzfelder Str. 59/21. Reçois-tu du courrier de ma mère? Pas moi! Donne-lui s'il te plaît mon adresse. J'ai besoin d'argent. Peut-être maman m'enverra-t-elle quelque chose. Je pleure jour et nuit de nostalgie. Salue Kutti, Dora, Berni, Lilo, Horst et tous les collègues. Fritz aussi est ici. Demain, j'irai le voir. Réponds tout de suite, s'il te plaît. Salue ta chère mère. Salue les petits. Ta Sala t'embrasse. »

Cette carte postale est le dernier signe de vie que je reçus d'elle, peut-être le dernier qu'elle donna. Je l'ai toujours gardée. Bien sûr, j'étais triste et horrifiée d'apprendre

Un souvenir de Sala, 6 mai 1941.

que Sala avait été déportée, mais au moins elle mentionnait un « nouvel appartement », ce qui donnait l'impression qu'on pouvait la joindre. Je ne pouvais pas savoir qu'elle devait vivre là dans des conditions incomparablement plus misérables que dans la Auguststrasse. Après leur arrivée dans le ghetto que les Allemands avaient établi à Baluty, le quartier le plus pauvre de Litzmannstadt (Lodz), avec des maisons délabrées sans égouts ni eau courante, les déportés devaient végéter dans une promiscuité inimaginable ; très vite, la faim, les maladies et les épidémies prenaient le dessus. Combien de temps mon amie vécut encore, je ne pus l'apprendre non plus. On sait aujourd'hui que Sala Zyskind fut assassinée le 4 mars 1942 dans un camion à gaz du camp d'extermination de Kulmhof (Chelmno), à environ soixante kilomètres au nord-ouest de Litzmannstadt[39].

---

39. Stiftung Topographie des Terrors, *Berliner Juden im Ghetto Litzmannstadt 1941-1944. Ein Gedenkbuch* (Fondation Topographie de la terreur, « Les Juifs berlinois dans le ghetto de Litzmannstadt, 1941-1944. Un livre mémorial »), Berlin, 2009, p. 300. Du 18 octobre au 15 novembre 1941, 4 187 personnes y furent déportées, provenant de la seule ville de Berlin.

Pogrom de novembre et travail obligatoire

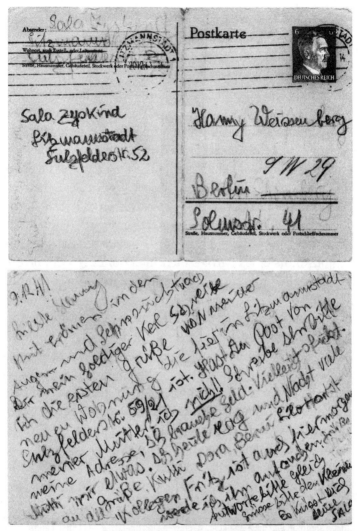

Carte postale de Sala Zyskind envoyée du ghetto de Litzmannstadt, décembre 1941.

Au cours des des mois qui suivirent, de plus en plus de camarades reçurent les «listes» redoutées[40] qui signifiaient leur déportation prochaine. C'était effrayant. Je reçus aussi de mon amie Lilo Epstein une lettre d'adieu très triste, non datée, mais qui fut écrite avant la mort de ma mère.

«Chère Hanni!

Je voudrais te dire au revoir à toi aussi par cette voie. Le convoi part mercredi et il ne m'est plus possible de prendre congé de toi personnellement. Quand, en rentrant de chez toi, je suis arrivée à la maison le soir, les listes étaient déjà là. Tu peux imaginer ce que j'éprouve. Tu es la seule personne qui puisse ressentir ce qu'est se séparer soudain de quelqu'un qu'on aime beaucoup. À quoi servent ici tous les jolis mots et les paroles bien intentionnées, comme "il faut garder courage et la tête haute", quand d'un coup tout se ferme derrière soi; à quoi sert l'espoir d'un avenir meilleur quand on sait quel sort nous attend? On ne doit certes pas désespérer, on ne peut aider personne comme cela. Alors, chère Hanni, si nous ne devions pas nous revoir, pense à moi et souviens-toi d'une fille qui partage le même sort que toi. Tu es une personne gentille et serviable et je te souhaite les meilleures choses, et beaucoup, beaucoup de chance dans l'avenir. Des salutations très chaleureuses à ta chère mère, à elle aussi tous mes souhaits,

Ta Lilo te souhaite le meilleur.»

Eux tous, je ne les ai jamais oubliés, et j'ai gardé leurs photos et leurs lettres[41].

---

40. La communauté juive devait envoyer, selon les directives de l'Office central de sécurité du Reich, des «listes» aux Juifs devant être déportés. Dans ces formulaires, ceux-ci devaient mentionner la totalité de leurs biens. L'administration financière les confisquait au profit du Reich. Par la suite, les formulaires n'étaient plus envoyés mais devaient être remplis dans le camp de transit.

41. Les originaux se trouvent au Musée juif de Berlin, archives, dossier 418, 2008/163/2.

Pogrom de novembre et travail obligatoire

Liebe Hanni,

Auch Dir möchte ich auf diesem Wege lebe wohl sagen. Am Mittwoch geht der Transport und ist es mir nicht mehr möglich mich von Dir persönlich zu verabschieden. Als ich abends von Dir nach Haus kam, waren die Listen schon da. Du kannst Dir vorstellen wie mir zu Mute ist. Du bist der einzige Mensch, der es nachfühlen kann, sich von einem Menschen, den man sehr sehr lieb hat, plötzlich zu trennen. Was nützen da all die schönen u. gutgemeinten Worte, wie Kopf hoch und mutig, wenn sich auf einmal alles hinter einem schliesst, was nützt die Hoffnung an eine bessere Zukunft, wenn man weiss welchem Schiksal man entgegensieht. Verzweifeln darf man zwar nicht, man kann keinem damit helfen. Aber liebe Hanni, wenn wir uns nicht mehr wiedersehen sollten, so denk' mal an mich, und erinnere Dich eines Mädels, die das gleich Los wie Du trägt. Du bist ein lieber, hilfsbereiter Kerl und ich wünsche Dir alles Gute und viel viel Glück für die Zukunft.

Recht herzliche Grüsse auch an Deine l. Mutter u. ebenfalls alles Gute,

wünscht Dir Deine Lilo

Lettre d'adieu de Lilo Epstein, 1942.

Chapitre 4
MORT DE MA MÈRE ET DISPARITION DE MA GRAND-MÈRE

Au printemps 1942, l'état de santé de ma mère empira rapidement car elle ne recevait presque pas de soins médicaux et de médicaments pour son affection cardiaque. Elle fut admise à l'hôpital juif de l'Iranische Strasse, comme mon père l'avait été, car je ne pus être exemptée du travail à l'usine pour prendre soin d'elle. Nous étions en outre vraiment dépendantes de mon salaire, même s'il était très faible. Maman avait très peur de rester longtemps dans cet hôpital. À cette époque, il y avait là une section dans laquelle des médecins juifs devaient vérifier la «transportabilité» des personnes fragiles ou malades qui devaient être déportées. Pour cette raison, les pires rumeurs couraient. Ma mère me pria instamment de la ramener à la maison, et j'y parvins. Ma grand-mère se chargea alors de s'occuper de sa fille malade et vint tous les jours chez nous. Comme elle n'avait pas de permis de circuler, la vieille dame devait parcourir à pied le chemin menant de sa maison de la Mackensenstrasse, à Schöneberg – où elle vivait depuis 1936 avec sa sœur Emma Oberländer – jusque chez nous, à Kreuzberg. La communication entre Kreuzberg et Schöneberg était rendue encore plus difficile pour nous par le fait que les lignes téléphoniques des Juifs étaient coupées depuis la fin du mois de juillet 1940.

Il était très difficile de bien prendre soin de la malade car la nourriture était rationnée pour les Juifs et nous avions très peu d'argent pour acheter quoi que ce soit. Les heures autorisées pour faire les courses étaient de plus en plus restreintes pour les Juifs; depuis l'été 1940, nous ne pouvions aller dans les magasins et sur les marchés qu'entre 16 et 17 heures, pendant le «temps d'achat» séparé pour les Juifs. Ainsi, on revenait la plupart du temps avec un sac à commissions vide, car comment serait-il resté quelque chose pour nous quand on n'avait le droit de se rendre dans les magasins de légumes, par exemple, qu'en fin d'après-midi? Les fruits étaient rationnés, surtout pour les personnes ayant une carte d'identité marquée du «J». Heureusement pour nous, il y avait dans le voisinage Mme Nöske, qui tenait au 9 de la Solmsstrasse une laiterie-épicerie[42]. Cette femme comprenait notre situation et nous donnait discrètement de la nourriture. Mais ma mère s'affaiblissait de plus en plus et s'approchait peu à peu de sa fin. Ma grand-mère et moi l'avons soutenue dans ses dernières heures. Elle mourut le mercredi 29 avril 1942, à 51 ans seulement. Je me suis parfois dit, par la suite, que cela avait sans doute été un grand «bonheur», en fin de compte, qu'elle ait été préservée des horreurs à venir par une mort naturelle. En dépit de la douleur et du deuil, j'avais plus ou moins conscience que mes parents avaient échappé au pire.

J'obtins un congé de l'usine pour ses funérailles au cimetière juif de Weissensee et je reçus, ainsi que ma grand-mère, une autorisation de circuler exceptionnelle pour nous permettre de parcourir cette longue distance en S-Bahn. Ce fut un réconfort de voir que des camarades de l'usine affectés à l'équipe de nuit avaient pris la peine d'assister à la cérémonie funèbre. Par la suite, je suis allée quelques fois voir la tombe de ma mère, mais je devais alors faire à pied ce chemin infini.

Il ne me restait plus que ma grand-mère, pour qui perdre sa fille, alors que son fils bien-aimé était hors de portée à

---

42. Dans l'annuaire de Berlin de 1943 : Solmsstrasse 9 : Nöske, Anna, lait.

Alice Weissenberg vers 1940.

Paris, fut un nouveau coup du destin huit ans après la mort de son mari.

Après l'enterrement de ma mère, je dus faire face à la tâche déprimante de vider notre modeste foyer de la Solmsstrasse. Des membres de la communauté juive vinrent emporter nos meubles. Ensuite, je dus quitter mon environnement familier de Kreuzberg. M. et Mme Neuberg, des connaissances juives de ma mère que j'avais informées de sa mort, m'accueillirent dans leur appartement comme sous-locataire. Je ne pouvais prendre avec moi que les objets les plus nécessaires de la maison et je mis d'autres affaires chez ma grand-mère. Le couple vivait dans un immeuble, au 62 de la Augsburger Strasse (aujourd'hui Fuggerstrasse, près de Wittenbergplatz), où étaient logées d'autres familles juives. Ce n'était heureusement pas très éloigné de l'appartement de ma grand-mère, la seule âme familière qui me restait de mon cercle de famille.

Souvent, je me sentais complètement abandonnée. Mon amie Dorle, un peu plus âgée que moi, m'écrivit une très gentille lettre deux mois après la mort de ma mère et essaya de me réconforter. Son courrier restitue l'atmosphère, entre espoir et peur, dans laquelle nous, les jeunes, vivions en permanence :

«Berlin, le 30 juin 1942

Ma chère petite sœur!

Je suis assise ici à la maison et je pense à toi. Merci encore pour ton cadeau et ta lettre. Comment puis-je améliorer ta situation? Si je le pouvais, je te prendrais chez moi, mais malheureusement ce n'est pas possible. Alors, chère fillette, tu dois patienter courageusement. Allons, tu sais bien que "dans la vie tout passe". Tu dois te rappeler que tu as toujours ta chère grand-mère, et tu m'as aussi. Je serai toujours à tes côtés, quoi qu'il arrive. Ne sois pas fâchée contre moi si j'ai parfois été un peu grossière avec toi, mais tu sais certainement ce que je ressens, et nous sommes tous un peu sur les nerfs. Allez, petite, quand nous nous reverrons, avec les garçons, tout sera différent. Nous nous retrouverons. Quand tout ça sera derrière nous, nous redeviendrons celles d'avant. Peut-être est-ce juste une épreuve pour nous?

Alors, ma chère fillette, ne pas être triste et ne pas désespérer. Tu as encore beaucoup de gens qui t'aiment.

Avec l'affection de ta sœurette Dorle.»

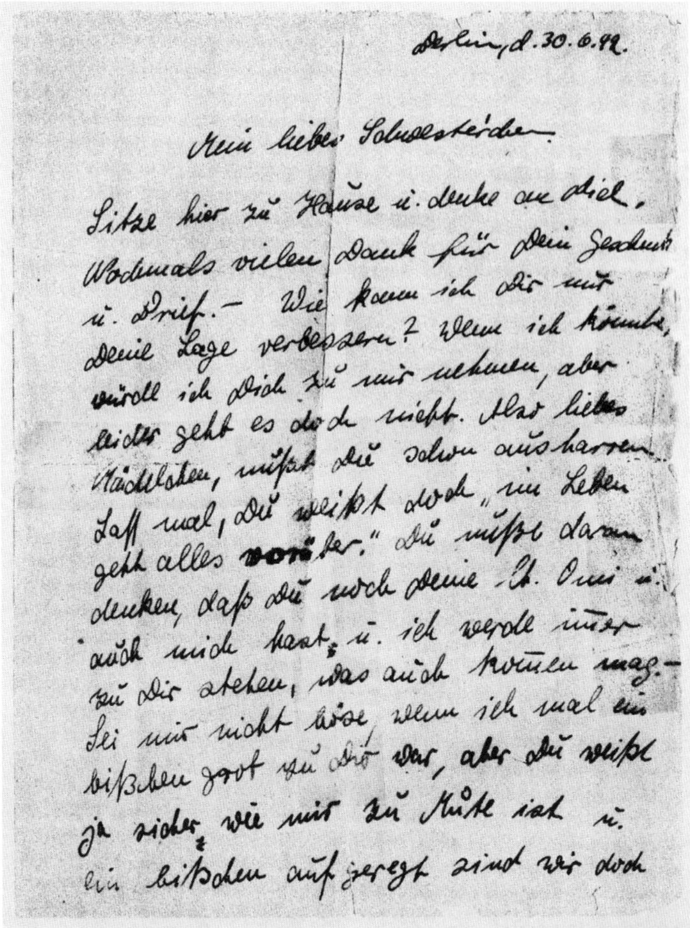

Berlin, d. 30.6.42.

Mein liebes Schwesterchen.

Sitze hier zu Hause u. denke an dich.
Nochmals vielen Dank für Dein Geschenk
u. Brief. – Wie kann ich Dir nur
Deine Lage verbessern? Wenn ich könnte,
würde ich Dich zu mir nehmen, aber
leider geht es doch nicht. Also liebes
Mädelchen, mußt du schon ausharren.
Laß mal, Du weißt doch, „im Leben
geht alles vorüber." Du mußt daran
denken, daß du noch deine Gr. Omi u.
auch mich hast, u. ich werde immer
zu Dir stehen, was auch kommen mag.
Sei mir nicht böse, wenn ich mal ein
bißchen grob zu Dir war, aber du weißt
ja sicher, wie mir zu Mute ist u.
ein bißchen aufgeregt sind wir doch

Lettre de Dorle, 30 juin 1942.

> alles. Laß mal Kleine, wenn wir erst
> wieder mit unseren Jungens zu-
> sammen sind, wird alles anders. Wir
> müssen ja wieder uns ja wieder finden.
> Wenn alles das, überstanden ist, sind
> wir wieder die alten. Vielleicht ist es nur
> eine Prüfung für uns?
> Also mein liebes Mädelchen nicht
> traurig sein u. nicht verzweifeln
> Du hast noch viele Menschen die
> Dich lieben.
>   In Liebe dein
>   Schwesterchen
>   Dörle

Lettre de Dorle, 30 juin 1942.

Mort de ma mère et disparition de ma grand-mère

Cäcilie Oberländer en 1942.

Ma grand-mère avait maintenant près de 80 ans mais se portait relativement bien[43]. Je lui rendais visite aussi souvent que je le pouvais, avant ou après le travail à l'usine, au 5 de la Mackensenstrasse, où elle occupait une chambre meublée dans l'appartement de quatre pièces de sa belle-sœur. Mais, à peine six mois après la mort de maman, fin septembre 1942, Cäcilie Oberländer reçut l'ordre de se tenir prête pour l'«évacuation» dans le ghetto de Theresienstadt, dans le «protectorat». C'est là qu'étaient déportées depuis le 6 juin 1942 la plupart des personnes âgées. Je pris un congé à l'usine pour pouvoir passer chaque minute avec elle, et je restai même la nuit chez elle. Je voulais l'aider à faire ses bagages et l'assister pendant son départ de Berlin. Au cours des heures torturantes passées à attendre les «collecteurs», les questions les plus inquiétantes se bousculaient. Je ruminais pour tenter de comprendre ce que signifiait réellement cette évacuation d'une femme de 79 ans. Devait-elle vraiment

---

43. Cäcilie Oberländer, née Sorauer le 12 juillet 1863 à Bujakow en Silésie, fut déportée le 10 octobre 1942 au ghetto de Theresienstadt avec 1 021 autres personnes. Date de décès : le 20 février 1943. Source : Livre mémorial de Theresienstadt.

être mise au travail quelque part ? Sinon, quel était le but de sa déportation ? Cela devait-il être un adieu pour toujours ? De mauvais pressentiments me torturaient, mais je ne pouvais pas ou ne voulais pas y croire. Je me creusais la tête, me demandais sans cesse : où va grand-mère, où ? Puis ce fut le moment. Il me fallut voir cette vieille femme se faire pousser avec ses bagages dans une sorte de voiture de livraison où d'autres personnes âgées étaient déjà assises. Le véhicule transporta les passagers dans un des camps de transit du quartier de Mitte[44], où les gens restaient quelque temps jusqu'à ce que leurs biens soient répertoriés et que le prochain transfert vers Theresienstadt soit organisé. Dans la langue nazie, on appelait cela « écluser ». Je l'ai suivi en tram, cette fois sans autorisation de voyage, mais cela se passa bien. Les trois jours suivants, je pus rendre visite à ma grand-mère dans le camp de transit et rester avec elle jusqu'au soir. Mais le quatrième jour – c'était le 3 octobre 1942 –, je ne l'y ai pas trouvée. Le choc, la douleur et le désespoir furent immenses. Je dois dire que la perte de ma grand-mère bien-aimée fut encore

---

44. Avec le début des convois en direction du ghetto de Theresienstadt au mois de juin 1942, la Gestapo fit transformer en camp de transit la maison de retraite de la communauté juive du 26 de la Grosse Hamburger Strasse dans le quartier de Mitte. Il servit jusqu'au 6 novembre comme unique camp de transit pour les convois à destination de Theresienstadt (puis d'Auschwitz). Lors des trois « Alterstransporte » (déportations de personnes âgées) de mille personnes à chaque fois (en août, septembre et octobre 1942), huit foyers juifs furent utilisés comme camps de transit temporaires. Voir Akim Jah, *Die Berliner Sammellager im Kontext der « Judendeportationen » 1941-1945* (« Les camps de transit de Berlin dans le contexte des "déportations de Juifs" 1941-1945 »), in *Zeitschrift für Geschichtswissenschaft 63*, 2013, p. 211-231.
Cäcilie Oberländer passa ses derniers jours à Berlin dans le camp de transit situé au 19/22 Gerlachstrasse, Mitte, comme l'indique sa déclaration de patrimoine, dans laquelle la « destinataire elle-même » signe le 30 septembre 1942 le certificat de notification de l'huissier de justice. Archives de l'État de Brandebourg à Potsdam (BLHA), 36A, Oberfinanzpräsident II, n° 28600.

pire pour moi que la mort de mes parents. Je crois que c'est là que je pris la décision de ne pas me laisser déporter si cela devait m'arriver. Comment j'y parviendrais, je n'en avais pas la moindre idée. Je n'avais ni argent ni relations. Un mois plus tard, la belle-sœur de ma grand-mère, Emma Oberländer, dut aussi entreprendre ce voyage sans retour[45]. Je ne me rappelle pas l'avoir vue dans l'appartement, ni ses enfants Heinz et Flora, lorsque je rendais visite à grand-mère. Peut-être était-elle souvent chez son fils Fritz pour aider sa famille et ses trois petits-enfants. Sa fille Flora n'était pas mariée et avait été enrôlée dans le travail obligatoire chez AEG[46], à Oberschöneweide. Elle fut déportée à Riga le 26 octobre. Dans sa déclaration de patrimoine, cette femme de 42 ans avait inscrit : « Mon foyer se compose de deux personnes, ma mère et moi-même[47]. » Son frère Heinz, qui avait six ans de moins qu'elle, avait déjà été déporté à Riga le 15 août 1942. Tous deux y furent assassinés peu après leur arrivée.

Lorsque, à la fin de l'automne 1942, la famille de Fritz Oberländer dut partir en déportation, son épouse, Ilse, se jeta par la fenêtre de désespoir ; son décès est enregistré à la date du 3 novembre 1942. Le mari et les trois jeunes enfants ne connurent qu'un bref sursis : ils furent déportés à Theresienstadt le 16 décembre 1942 depuis le camp de transit de Gerlachstrasse. Ils ont tous été assassinés à

---

45. Livre mémorial de Berlin : Oberländer, Emma, née Kraemer le 20 octobre 1861 à Vienne ; Schöneberg, Mackensenstrasse 5 ; 71e convoi du 4 novembre 1942, à Theresienstadt ; lieu de décès : Theresienstadt ; date de décès : 15 janvier 1943.
46. *Allgemeine Elektricitäts-Gesellschaft* (« Compagnie d'électricité générale ») était un fabricant allemand d'équipements électroniques et électriques pour le grand public, de matériel roulant ferroviaire et de produits spécialisés pour l'industrie et l'armée [NDE].
47. BLHA, 36A II, n° 28602.

Auschwitz en 1944[48], mais je ne l'ai appris que bien des années plus tard.

J'eus un autre grand chagrin au cours du mois pendant lequel je perdis ma grand-mère bien-aimée. Mon ami Kutti fut enrôlé dans la Wehrmacht. À la même époque, de plus en plus de personnes soumises au travail obligatoire dans les usines d'armement furent «collectées». Chaque jour manquait, au travail, un ou une camarade. Mon isolement était de plus en plus grand. J'étais vraiment seule au monde à 18 ans et j'avais le sentiment de ne plus rien avoir à perdre. Après toutes ces expériences douloureuses, j'étais faible et sans forces, maladive. Au début, je me suis encore traînée jusqu'à l'usine, malgré mon épuisement. Un jour, mes collègues remarquèrent que mes yeux étaient devenus jaunes et je me laissai persuader d'aller voir un «soigneur de malades», car c'est ainsi que les médecins juifs devaient maintenant se désigner. Il diagnostiqua une grave jaunisse et me prescrivit un arrêt de travail d'au moins cinq semaines. Je dus garder le lit plus d'un mois dans ma petite chambre de l'Augsburger Strasse. J'allais très mal, j'avais complètement perdu l'appétit et tous les aliments me dégoûtaient. Je passai tout ce temps assez solitaire dans ma chambre, menant une vie végétative. Les Neuberg et les autres habitants de l'appartement, occupés par leur propre situation, se souciaient à peine de moi.

Au début du mois de décembre 1942, alors que je commençais à me remettre un peu, la situation devint

---

48. Selon le Livre mémorial de Theresienstadt, Fritz (né en 1898), après le suicide de sa femme, fut déporté le 16 décembre 1942 avec ses trois enfants, Edith, Mathel et Berl, au ghetto de Theresienstadt, où ils sont restés jusqu'en 1944. Ils ont ensuite été transférés à Auschwitz, où ils furent tous assassinés. Un pavé commémoratif a été posé en 2013 sur le Hohenzollerndamm à la mémoire de la famille Oberländer.

menaçante. En cette froide journée d'hiver – il avait commencé à neiger –, des hommes de la Gestapo surgirent chez nous sans avis préalable pour arrêter Mme Neuberg, et elle seule. Quelque chose était arrivé : dans la rue, elle avait vraisemblablement dissimulé l'étoile jaune de son manteau. Nous devions la porter depuis plus d'un an – depuis septembre 1941 – pour être visibles et identifiables à tout moment en public. Couvrir «l'étoile juive» avec des cols, des sacs ou des foulards était strictement interdit. Le journal juif *Jüdischen Nachrichtenblatt* avait expressément mis en garde contre cela, à la demande de la Gestapo. Un homme de la Gestapo avait alors proposé à Mme Neuberg de la laisser partir si elle lui disait si elle connaissait quelqu'un qui se cachait ou voulait se cacher. Je ne sais pas si elle a vraiment trahi quelqu'un, mais, si elle l'a fait, cela ne l'a pas aidée. M. Neuberg, qui ne devait pas plus que moi être emmené, partit volontairement avec eux parce qu'il ne voulait pas laisser sa femme seule. À ce moment, dans son malheur, Gertrud Neuberg a attiré l'attention des hommes de la Gestapo sur moi. Elle m'a désignée comme si elle voulait leur signifier de m'emmener aussi. Une peur terrible m'a saisie, mais j'en fus quitte pour cette frayeur. Heureusement, je ne me trouvais pas (encore) sur la liste des «collecteurs». De ce jour, je n'ai plus jamais entendu parler de Gertrud et d'Edwin Neuberg[49].

---

49. Dans le Livre mémorial de Berlin, le nom Neuberg n'apparaît pas à l'adresse Augsburger Strasse 62. La déclaration de patrimoine adressée à la direction des finances, remplie et signée avant la déportation, montre qu'il s'agit d'Edwin Neuberg, né en 1889, et de son épouse Gertrud, née en 1899. (La dernière adresse indiquée dans le Livre mémorial est Pieskower Weg 8, à Prenzlauer Berg.) Toutefois, dans l'annuaire de Berlin de 1940-1941, «E. Neuberg» est mentionné dans la Augsburger Strasse. Edwin et Gertrud Neuberg ont été déportés à Auschwitz le 9 décembre 1942 et y ont été assassinés.

ME SAUVE QUI PEUT!

Après leur départ, je suis restée complètement seule. Au cours de ces premiers jours de décembre, au milieu de toute cette terreur, me parvint de «l'Araignée» une carte d'adieu écrite à la hâte par notre camarade Hans Bossack, surnommé Hänschen[50]:

«Chère Hanni!

Portez-vous tous bien et restez en bonne santé. Nous devons partir aujourd'hui à 9 heures, sans rien savoir. Salue tout le monde pour moi et garde la tête haute. Bien des saluts à Dorle et Horst.

Salutations, Hänschen».

On a établi aujourd'hui qu'Hänschen fut déporté à Auschwitz dans le même convoi que le couple Neuberg, le 9 décembre 1942. Lui non plus n'a pas survécu.

L'arrestation de mes propriétaires m'avait causé un choc. Qu'allais-je devenir seule dans l'appartement? Pendant une courte période, une chanteuse suédoise séjourna dans l'une des pièces, mais elle déménagea bientôt. Ensuite, un homme vint inspecter les chambres. Dans mon souvenir, il était du Bureau du logement, pas de la Gestapo. Il m'autorisa à prendre des affaires dont je pouvais avoir besoin dans les chambres de mes propriétaires déportés. Ce n'est qu'après environ trois semaines que la Gestapo scella l'appartement, qui se trouvait en rez-de-jardin à droite, plus précisément la porte d'entrée principale et les pièces occupées par les Neuberg. Par la suite, une étoile blanche fut apposée pour signaler l'«appartement juif». Dès lors, je ne suis plus passée que par la porte de service, à l'arrière, pour aller dans ma chambre. Je pouvais toujours utiliser la cuisine.

---

50. Livre mémorial de Berlin: Hans Bossack, né le 2 juin 1925 à Berlin; Schöneberg, Bülowstrasse 70; 24ᵉ convoi du 9 décembre 1942, Auschwitz; lieu du décès: Auschwitz.

Mort de ma mère et disparition de ma grand-mère

Carte d'adieu d'Hans Bossack, début décembre 1942.

Cette idée de ne pas me laisser déporter, quoi qu'il arrive, devint au cours des semaines suivantes une ferme intention, sans que j'aie élaboré un plan plus précis. D'abord, je n'avais pas d'autre choix que de continuer à me rendre tous les jours à « l'Araignée » pour travailler. Dans l'entreprise, je portais le brassard jaune, et dehors, bien sûr, l'étoile jaune. Je travaillais de jour ou de nuit et il y avait souvent des alertes aériennes le soir. En janvier 1943, il y eut encore de violents bombardements sur Berlin. Tout était triste, froid et sombre en ce terrible hiver ; l'appartement déserté était sinistre ; aucune lueur d'espoir d'un changement positif ne se profilait.

Chapitre 5
FUIR LA DÉPORTATION

Fin janvier 1943, en plus de tous ces malheurs, je contractai pendant mon travail une méchante infection à l'index droit, un abcès purulent. L'ironie du destin fut que ce mal douloureux me sauva vraisemblablement la vie! L'inflammation empirait de jour en jour, de sorte que j'allai de nouveau chez le «soigneur» de service pour faire traiter le doigt infecté. Le 3 février 1943, j'étais en principe affectée à l'équipe de nuit de «l'Araignée». Mais, ce jour-là, le médecin creva l'abcès afin que le pus s'écoule de mon doigt. Il me prescrivit ensuite un arrêt maladie parce que je ne pouvais pas travailler dans cet état. C'est la raison pour laquelle, à une heure à laquelle j'aurais dû être en route pour le quart de nuit, je me trouvais dans ma chambre, dans la «maison des juifs» de la Augsburger Strasse[51].

L'appartement se situait à l'arrière du bâtiment, au rez-de-chaussée sur cour. J'avais entrebâillé la fenêtre de ma chambre pour aérer et je m'apprêtais à aller dans la cuisine pour me préparer quelque chose à manger avec mes maigres provisions lorsque j'entendis soudain un sifflement strident et un rugissement venant de la cour. J'épiai prudemment par la fenêtre de la cuisine pour voir ce qui se passait. À ma grande horreur, il y avait dans les escaliers des hommes de la Gestapo et des locataires juifs qui étaient apparemment «collectés». On cognait aux portes et, peu après, la sonnette résonna aussi chez moi; le son me pénétra jusqu'à la moelle. Je dus faire un grand effort pour ne pas céder au réflexe d'ouvrir. J'avais la ferme intention de

---
51. Les nazis avaient obligé les Juifs à se regrouper dans certains immeubles [NDE].

tout faire pour ne pas devoir partir avec eux. Je ne voyais pas clairement comment j'allais m'y prendre et où j'irais ensuite, mais je partais de la croyance, peut-être un peu naïve, qu'il devait bien y avoir encore dans mon entourage des personnes prêtes à m'aider. La situation n'était pas défavorable : personne ne savait que j'étais à la maison et j'entendis que l'on disait dans le couloir que l'on m'arrêterait plus tard.

Il n'y avait pas de temps à perdre. Dehors, il régnait un froid terrible. Mon manteau et mon sac à main étaient toujours dans ma chambre. Je fus vite décidée et me risquai à y retourner. Pour parvenir à l'armoire sans être aperçue, je me baissai et rampai dans sa direction, car la fenêtre sur cour était restée ouverte. Je parvins à me saisir de mon manteau et de mon sac et à quitter la pièce de la même manière, puis je fermai la porte avec précaution.

Je devais quitter au plus vite l'appartement puis la maison. Mais la plus grande difficulté était encore à venir. On pouvait difficilement ouvrir sans bruit la porte palière, qui était verrouillée et scellée. Retenant mon souffle, je tendis l'oreille pour m'assurer que personne ne m'avait remarquée. Mais tout était silencieux. Il n'y avait maintenant plus qu'à sortir de l'appartement. Je montai l'escalier menant au grenier dans l'espoir d'y trouver un accès au bâtiment sur rue, mais il n'y en avait aucun. Tous les escaliers conduisant au grenier étaient des escaliers de service – je ne l'ai compris que bien des années plus tard, lorsque je suis revenue visiter le bâtiment.

J'étais momentanément en sécurité là-haut, mais je ne pouvais y demeurer longtemps. Heureusement, nous étions en hiver et la nuit tomba de bonne heure. Je me décidai alors à tout miser de nouveau sur une carte.

Je sonnai simplement à une porte du troisième étage en me disant que je pourrais peut-être, en passant par une porte de communication de cet appartement, parvenir au bâtiment donnant sur la rue et atteindre celle-ci sans devoir passer par la cour.

Je savais qu'ici vivaient des Juifs qui avaient connu mes propriétaires, les Neuberg. Mais ce que je ne savais pas, c'est que des «collecteurs» venus arrêter certains locataires se trouvaient déjà chez eux à ce moment-là. Un homme hagard ouvrit la porte et me fit comprendre que je ne devais surtout pas entrer. Mais je ne l'écoutai pas, car j'étais possédée par une inconcevable impulsion: foncer et rien d'autre! Alors j'ai poussé de côté l'homme effrayé et j'ai couru vers la porte opposée qui conduisait au bâtiment sur rue. Dans le couloir, un des «collecteurs» se mit en travers de mon chemin. Heureusement pour moi, il était assez âgé. Je pus me dégager, j'atteignis la porte du bâtiment et dévalai aussi vite que je le pus les trois étages, même si j'ai toujours eu peur dans les escaliers. Enfin je me trouvai dans la rue, et personne ne semblait être après moi. Avec l'étoile jaune sur le manteau et rien d'autre! Je m'éloignai au plus vite. Par chance, il faisait maintenant nuit noire. Aujourd'hui encore, je m'étonne d'avoir agi avec un tel sang-froid. J'avais été jusqu'alors une fille plutôt timide et craintive. Cela avait complètement changé. Je crois que je suis devenue adulte du jour au lendemain.

Certes, depuis la déportation de ma grand-mère, je m'étais toujours dit que je ne me laisserais pas transférer vers l'Est; mais, ce jour-là, je m'étais enfuie de l'appartement sans la moindre préparation. Sans ma blessure, je serais vraisemblablement allée travailler tous les jours à «l'Araignée» et j'aurais été prise au piège au plus tard le 27 février 1943, lors de l'« Action en usine[52] », comme notre camarade Horst Seeliger et bien d'autres[53]. Mais, pour l'heure, j'étais dans la rue, me demandant fébrilement vers où me diriger. Passer la nuit dehors était impossible en ce mois de février glacial. C'est alors que je pensai aux Brüsehaber, à Wilmersdorf, des amis de ma famille. Je me mis donc en route vers leur domicile en espérant vivement que leur attitude amicale à l'égard des Juifs n'avait pas changé. C'était la première fois que je montais dans le métro avec l'étoile jaune et j'essayai de me comporter aussi naturellement que possible. Je ne m'efforçai nullement de la dissimuler. Je me disais qu'après tout aucun des passants ni des passagers ne pouvait savoir que je venais d'échapper à la Gestapo, et qu'il serait sans doute bien plus dangereux d'attirer l'attention en cherchant à cacher mon étoile. Il me semble que c'est à partir de ce moment-là que j'ai acquis la capacité d'embrasser une situation d'un seul coup d'œil, d'appréhender les difficultés en un éclair et de trouver une solution.

J'atteignis sans encombre la maison des Brüsehaber, au 20 de la Nassauische Strasse. Le cœur battant, je sonnai à la porte. Comment allaient-ils réagir ? Allaient-ils se détourner avec effroi en me voyant ? Me renvoyer ? À mon grand soulagement, ils m'accueillirent à bras ouverts ; leur position n'avait pas changé. Le conseiller fiscal Günther Brüsehaber avait une quarantaine d'années. Je pouvais me

---

52. La razzia massive du 27 février 1943 exercée par les SS sur tous les travailleurs juifs forcés et leurs familles fut nommée Fabrik-Aktion (« Action en usine ») après la Seconde Guerre mondiale parce que les personnes étaient généralement interpellées sur leur lieu de travail. Jusqu'au 6 mars 1943, plus de 7 000 Juifs furent déportés de Berlin au camp d'extermination d'Auschwitz-Birkenau.
53. Livre mémorial de Berlin : Seeliger, Horst, né le 13 septembre 1925 à Rummelsburg, Poméranie. Logement : Kreuzberg, Tempelhofer Ufer 19. 31e convoi du 1er mars 1943 vers Auschwitz ; lieu du décès : Auschwitz ; disparu.

fier entièrement à lui et à sa femme. Ils me firent vite comprendre que je ne pourrais, hélas, pas loger longtemps chez eux car ils cachaient déjà d'autres Juifs en fuite, mais que, bien sûr, je pouvais rester pour le moment. Ils m'apportèrent ensuite des secours considérables. Le premier fut de faire venir le lendemain soir chez eux un coiffeur de leurs amis pour éclaircir mes cheveux et me rendre aussi méconnaissable que possible. J'ai naturellement les cheveux noirs et j'avais, selon les critères de l'époque, un type plutôt juif.

Plusieurs soirs de suite, ce coiffeur traita mes cheveux avec de l'eau oxygénée qui me brûlait horriblement le cuir chevelu. Il vint encore deux fois chez les Brüsehaber, puis c'est moi qui me rendis chez lui. Au bout d'environ une semaine, je n'étais certes pas devenue blonde, plutôt roux cuivré, mais je portais les cheveux plus courts et mon apparence avait passablement changé. Entre-temps, j'avais aussi ôté l'étoile jaune de mes vêtements. Puis vint le moment de quitter mes premiers sauveteurs et de partir pour un autre logement.

On sait aujourd'hui que l'appartement dont je m'étais enfuie, au 42 de la Augsburger Strasse, resta vide quelques semaines. Le 5 avril 1943, le gérant de l'immeuble écrivit au Bureau de recouvrement des avoirs du presidium des finances de Berlin-Brandebourg: «Dans l'appartement, une pièce que l'ancienne sous-locataire juive Weissenberg a habitée est scellée. Le nouveau locataire a besoin de cette pièce. Je vous prie donc de la libérer et d'enlever les scellés aussitôt que possible.» Oui, tout devait suivre son irréprochable voie bureaucratique. Une lettre adressée par le même gérant aux destinataires susmentionnés – le 20 mai 1943, cinq mois après la déportation des Neuberg à Auschwitz – est particulièrement grotesque et cynique.

Il y est dit: « L'ancien locataire Neuberg était tenu par le contrat de location de maintenir l'appartement en bon état et de faire effectuer à ses frais tous les travaux d'entretien et autres réparations. » Les chambres étaient prétendument en très mauvais état et devaient être rénovées avant l'arrivée d'une famille « aryenne » pour la somme de 904,80 marks. La lettre se termine par la phrase: « Je demande donc à ce que le Juif Edwin Israël Neuberg soit débité de ce montant. Heil Hitler[54]! »

La Gestapo savait bien sûr que je m'étais échappée. Désormais, j'étais recherchée comme « Juive en fuite ».

Les Brüsehaber m'avaient trouvé un logement chez une gardienne d'immeuble à Berlin-Tiergarten, dans la tranquille Landgrafenstrasse[55]. Il y avait ici des maisons imposantes pour personnes fortunées. Dans le bâtiment où habitait cette femme vivaient plusieurs familles qui avaient une bonne situation, notamment un propriétaire de cinémas[56]. Les pièces sous le toit étaient occupées par la surveillance des raids aériens. Je n'ai appris que bien des années plus tard qu'à quelques centaines de mètres, au 116 de la Kurfürstenstrasse, se trouvait depuis janvier 1940, dans l'ancienne « Maison de la fraternité » juive, le Commissariat aux Juifs de l'Office central de la sécurité du Reich, dirigé par Adolf Eichmann[57].

---

54. Ces deux lettres *in*: BLHA, Rep 36A II Oberfinanzpräsident, n° 28089, Edwin et Gertrud Neuberg.
55. Elle relie la Kurfürstenstrasse au Lützowufer.
56. Dans l'annuaire de 1943, on trouve à l'entrée Landgrafenstrasse 2: Schibalski, W., propriétaire de salles de cinéma. Il s'agit probablement de Walter Schibalski. De 1930 à 1960, il possédait notamment l'Arsenal dans la Welserstrasse. Oranna Dimmig a trouvé sur Internet six cinémas berlinois pour lesquels Walter Schibalski est cité comme propriétaire.
57. Le bâtiment (construit en 1908-1910) abritait la « Fraternité d'assistance mutuelle » juive. En 1939, le « Bureau central à l'émigration juive de Berlin », qui contrôlait administrativement l'émigration forcée des Juifs, s'installa dans

Mme Kolschewsky[58], qui m'accueillit, vivait au sous-sol avec son petit garçon d'environ 3 ans ; ce n'était pas une vraie cave, car les fenêtres donnaient au-dessus de la rue, plutôt un appartement souterrain. Je crois aujourd'hui qu'elle m'accueillit en réalité dans l'espoir d'un gain personnel, plutôt que pour des raisons véritablement politiques ou humanitaires. Elle n'était bien sûr pas une nationale-socialiste convaincue ni une antisémite : tout cela lui était assez indifférent. Son mari était d'ailleurs dans la Wehrmacht pendant mon séjour chez eux : je le vis une fois lors d'une permission. Je pouvais dormir dans la cuisine sur une sorte de chaise longue.

Mme Kolschewsky était une personne très simple, un peu vulgaire mais finaude. Je crois qu'en m'hébergeant elle s'imaginait que je lui procurerais au marché noir des produits utiles à ses besoins quotidiens. J'ai dû lui causer une grande déception : il ne me serait jamais venu à l'esprit d'aller faire du commerce au marché noir. D'abord, je n'avais ni argent ni marchandises et, ensuite, aucune expérience, pas de relations et pas le moindre désir d'en acquérir. Je me disais avec raison que ce serait le meilleur moyen d'être découverte. Quand on aurait été sur la trace d'un trafiquant, il aurait été très facile de remonter la chaîne jusqu'à moi. Je ne pouvais malheureusement exprimer ma gratitude à cette

---

la maison. À partir de janvier 1940 s'y établit le Commissariat aux Juifs de l'Office central de la sécurité du Reich. Le personnel de l'unité IV B 4 organisa l'expulsion et la déportation de millions de Juifs européens vers les camps de concentration et d'extermination. En 1964, le bâtiment fut démoli. Une plaque commémorative est apposée à cet endroit depuis 1998. Voir Lisa Hauff, *Mahnort Kurfürstenstrasse 115/116. Vom Brüdervereinshaus zum Dienstort Adolf Eichmanns (Topographie des Terrors. Notizen 3)* (« 115-116 Kurfürstenstrasse. De la Maison de la fraternité au lieu de travail d'Adolf Eichmann. Topographie de la terreur, vol. 3 », Berlin, 2012.
58. Ce nom est seulement restitué phonétiquement ici. Il n'y a pas d'entrée dans l'annuaire de Berlin de 1943.

femme qu'en l'aidant autant que possible dans les tâches ménagères. J'allais promener son enfant et je contribuais bien sûr à garder propre la cage d'escalier. Il en résulta une sorte de coopération entre nous. Mais cela ne l'empêchait pas de m'expliquer sans cesse tout ce dont je lui étais redevable et ce qu'elle attendait vraiment de moi.

Au cours des premiers temps dans la Landgrafenstrasse, mon doigt blessé me causait encore bien du souci. Le bref séjour chez les Brüsehaber n'avait pas suffi à le guérir complètement, bien qu'ils se fussent également occupés de ma plaie : j'avais eu des bains de savon et des bandages. À présent, la douleur empirait, mais le sentiment qu'il me fallait prouver ma reconnaissance et ma bonne volonté à cette femme dominait. Je faisais donc tous les jours la vaisselle et nettoyais les sols. En fait, j'aurais dû aller voir d'urgence un médecin, mais je n'en connaissais aucun et je n'avais pas d'argent. Je ne voulais pas représenter une nouvelle charge pour les Brüsehaber, qui payaient toujours le coiffeur pour moi : je devais me rendre chez lui tous les dix jours pour qu'il teigne ma raie et continue à me blondir. Et je recevais de Mme Brüsehaber et de quelques autres amis non juifs un peu d'argent pour m'acheter des légumes et d'autres aliments sains qui ne nécessitaient pas de carte, car ma nouvelle bienfaitrice était disposée à m'aider mais pas en plus à me nourrir.

À part eux, d'autres connaissances m'étaient restées de mon existence antérieure, qui m'ont aidée à joindre les deux bouts, comme Rosi Frank et sa mère, des parentes éloignées des Neuberg, qui m'aidaient et me conseillaient ou m'invitaient à dîner de temps en temps. Mais comment et où trouver une aide médicale pour mon doigt douloureux ? Je savais que, dans l'antichambre de chaque médecin, se trouvait une assistante médicale qui voulait savoir exactement comment on s'appelait et où l'on habitait. Je me sentais seule et livrée à moi-même face à ce problème. En de tels moments, j'aurais voulu que mon père tienne sa main protectrice au-dessus de moi. Alors que je ne savais plus quoi faire, une idée salvatrice me vint.

Dans ma détresse, un soir après 7 heures, et alors qu'il faisait déjà nuit, je me suis rendue dans mon ancien quartier, dans la Solmsstrasse à Kreuzberg. Mme Nöske, notre laitière, nous avait toujours manifesté sympathie et compassion, je l'ai déjà dit, et nous avait aidés en nous offrant de la nourriture. Quand elle me vit soudain devant elle, blonde, elle fut effrayée et touchée en même temps. Elle me donna à manger et je lui contai ma situation. Il ne me serait pas venu à l'esprit un instant que cela puisse être dangereux de me confier à elle. Et je ne m'étais pas trompée à son sujet : Anna Nöske voulait m'aider. Elle me donna le précieux conseil de me faire soigner en tant que patiente privée et de régler la consultation immédiatement. De cette façon, je n'aurais sans doute pas à justifier d'une adresse, ces informations étant surtout importantes pour l'assurance maladie. Je n'aurais pas non plus besoin de présenter de pièce d'identité car, m'expliqua-t-elle, beaucoup de Berlinois dont le domicile avait été bombardé circulaient sans carte d'identité. Jamais des conseils aussi simples ne m'avaient autant aidée ! Je ne compris pas pourquoi je n'y avais pas pensé moi-même. Probablement n'étais-je pas depuis assez longtemps un « sous-marin ». Elle m'indiqua ensuite l'adresse d'un médecin, me donna de l'argent pour régler la visite et m'offrit encore de la nourriture.

J'allai donc voir ce médecin quelque part à Kreuzberg, qui traita immédiatement mon doigt. Il était grand temps :

j'étais sur le point d'avoir un empoisonnement du sang. La plaie guérit ensuite progressivement. Je suis souvent allée voir Mme Nöske par la suite. Elle ne m'a jamais laissée partir sans me donner un peu de nourriture.

J'avais alors pris davantage confiance en moi grâce à ma nouvelle apparence, due à mes cheveux complètement blonds. Il était devenu clair pour moi que je ne devais montrer aucune anxiété en public, que je devais réagir naturellement et sereinement en toute situation, et ne plus avoir l'air de courber l'échine. Je devins une jeune femme très différente. Quand, par exemple, je retrouvais Mme Brüsehaber dans un bistro, j'y entrais la tête haute. Parfois, je traversais aussi le Kurfürstendamm. Je pensais que c'était peut-être là que je passerais la plus inaperçue puisqu'il était interdit aux Juifs de s'y arrêter. Je voulais aussi absolument gagner de l'argent afin de ne pas toujours dépendre d'autres personnes ; je voulais à l'avenir payer moi-même mes visites chez le coiffeur.

J'en eus bientôt l'occasion. Mme Kolschewsky m'envoyait parfois à un kiosque de la Kurfürstenstrasse pour lui acheter un journal. Un jour, alors que je discutais avec le marchand, il me demanda si je serais prête à distribuer pour lui des publications à des abonnés. Je le fis donc le week-end pendant quelque temps. Je déposais les journaux devant la porte des appartements pour que le propriétaire du kiosque puisse se reposer le dimanche. Et moi, la Juive cachée, je distribuais le *Volkischer Beobachter* et autres journaux nazis, gagnant ainsi mon argent de poche.

Je trouvai d'autres possibilités de gagner de l'argent dans l'immeuble de la Landgrafenstrasse. Un vieux monsieur me demanda de laver de temps en temps sa porcelaine fine, car il avait peur de la casser s'il le faisait lui-même. Je me souviens

Hanni Weissenberg
avec les cheveux blonds en 1944.

également du propriétaire de cinémas du deuxième étage, qui possédait, m'avait-on dit, plusieurs salles. Sa femme était très élégante. Elle m'offrit un jour une paire de chaussures à talons compensés. (Je crois que je fis mon voyage à Paris après la guerre avec ces chaussures.) Je les aidais eux aussi dans leurs tâches ménagères. Avec l'argent que je gagnais par moi-même, je pouvais me nourrir.

Mes relations avec mon «hôtesse» dépendaient beaucoup de son humeur, qui souvent n'était guère enjouée. Je sentais de plus en plus qu'elle se serait volontiers débarrassée de moi. Pendant mon séjour chez elle, je restai bien sûr en contact avec les Brüsehaber ainsi qu'avec le coiffeur. J'étais devenue blond doré, je me plaisais bien et j'avais vraiment l'air superbe, presque comme une dame! Rien ne rappelait plus la jeune fille juive peu sûre d'elle que j'étais encore quelques semaines auparavant.

Lors de mes promenades avec le fils de mon hôtesse – dont je me souviens encore bien des oreilles décollées – il m'arrivait par mauvais temps de me réfugier dans un petit cinéma, le Concordia, où allait si volontiers ma chère grand-mère, même après novembre 1938, quand il fut interdit aux Juifs de se rendre dans les théâtres, cinémas, concerts et établissements balnéaires. Mais j'étais devenue invisible en tant que Juive. Je ne pressentais pas encore que le Concordia acquerrait pour moi, quelques mois plus tard, une signification vitale.

Les bombardements s'intensifiaient. Lors des alarmes, nous avons souvent fui sous l'escalier de marbre arrondi de la maison. Il y avait bien sûr aussi un abri antiaérien. Une fois, je dormais si profondément que je n'entendis pas l'alarme aérienne ! Le surveillant de raids ouvrit soudain la porte et me trouva endormie. Aujourd'hui, j'ai le sentiment que cet événement fit prendre conscience à Mme Kolschewsky du danger de la situation dans laquelle elle s'était mise avec moi. Peu de temps après – on était alors en juin 1943 – elle me confia qu'elle allait se rendre chez des connaissances en Silésie pour acheter de la nourriture. Cette région, à l'est du Reich allemand, était encore à cette époque une « terre bénie », sans bombes, et, surtout, où l'on pouvait manger merveilleusement.

Bien sûr, mon hôtesse s'intéressait peu à ce que je deviendrais en son absence. Elle me laissa libre de venir avec elle ou de disparaître. Je me souvins alors que le frère de ma grand-mère vivait en Haute-Silésie, à Beuthen (aujourd'hui Bytom, en Pologne). Marié à une chrétienne, il était un « Juif privilégié », ses quatre ou cinq enfants ayant été baptisés. Je décidai donc de suivre ma logeuse pour passer quelques jours chez mon grand-oncle, Hermann Sorauer, ancien propriétaire de la maison de tissus Sorauer dans la Ringstrasse. Restait la question principale : comment pourrais-je obtenir une carte d'identité valide pour ce voyage sans devoir l'acheter au marché

Assiette de Seder de la famille Weissenberg, Paris, 2018.
Photo : Oranna Dimmig

noir ? Ma seule idée fut de me procurer un *Postausweis* (carte d'identité postale), pour lequel je devais bien sûr donner une adresse légale. Mon grand-père en avait déjà possédé un. C'était une sorte de pièce d'identité délivrée par le bureau de poste de rattachement et pourvue d'une photo. Le facteur devait témoigner qu'il connaissait la personne en question. Je voulais absolument réussir à avoir une telle carte, qui ne coûtait que 50 pfennigs.

Heureusement, j'avais encore des planches de salut en réserve, des personnes en qui je pouvais avoir confiance. Parmi elles se trouvait Theodor Matschkowski – le gardien du n° 5 de la Mackensenstrasse, le dernier lieu où ma grand-mère avait vécu – et son fils Fritz[59]. J'étais restée en contact étroit avec eux après la déportation de

---

[59]. En 1946, Fritz Matschkowski a signé en tant que garant la demande d'Hanni Weissenberg pour être reconnue victime du fascisme.

ma grand-mère. À partir du moment où je dus me cacher, ils ne cessèrent de m'aider de façon inestimable, gardant pour moi, par exemple, des objets ayant appartenu à mes parents que j'avais récupérés chez ma grand-mère après sa déportation. Ils ont réceptionné mes lettres sous des noms d'emprunt, dont celles de Kutti, comme je l'ai déjà mentionné. Après la fin de la guerre, j'ai bien sûr reçu d'eux toutes mes affaires, notamment la belle assiette de Seder de mes parents, qui se trouve aujourd'hui dans le placard de ma salle à manger à Paris. Ils avaient aussi caché ces biens quand les Russes étaient arrivés.

Jusqu'à ce que je quitte Berlin, fin 1946, pour aller à Paris, je vis régulièrement ces deux vrais amis. La maison est par ailleurs l'un des rares bâtiments restés debout dans la rue aujourd'hui appelée Else-Lasker-Schüler-Strasse, au n° 5[60]. Je ne soupçonnais pas, à l'époque, que les Matschkowski aidaient aussi un jeune homme qui, comme moi, se cachait. Walter Joelson, qui avait fui la déportation lors de l'«action en usine» du 27 février 1943, avait grandi au 15 de la Mackensenstrasse. Theodor Matschkowski, qui le connaissait depuis qu'il était petit garçon, l'avait conduit quelques jours après sa fuite dans un appartement resté vide et avait également gardé pour lui les objets de valeur qu'il avait pu sortir de l'appartement de sa mère lors d'une opération audacieuse[61].

Avec l'aide des Matschkowski, je parvins à obtenir le *Postausweis* dont j'avais urgemment besoin. Ils

---

60. Les numéros 16 et 19 ont aussi survécu à la guerre. Ils ont été démolis seulement à la fin des années 1960. Vers 1974, ce fut également le cas du n° 5, qui a été remplacé par un nouveau bâtiment en 1984.
61. Kathrin Rudolph, *Hilfe beim Sprung ins Nichts. Franz Kaufmann und die Rettung von Juden und «nichtarischen» Christen* («Une aide lors du saut dans le vide. Franz Kaufmann et le sauvetage de Juifs et de chrétiens "non aryens"»), 2e éd., Berlin, 2017, p. 190.

m'autorisèrent bien sûr à donner leur adresse pour la mienne. Deux fois je me rendis le cœur battant au bureau de poste du quartier. Je fis établir la carte au nom d'Hannelore Winkler, que je portai par la suite. Ce nom n'avait pas de signification particulière : je l'avais choisi parce qu'il commençait par mes initiales. Avec ce papier, j'étais un peu plus en sécurité pour le reste de la guerre. Je pense aujourd'hui que le fonctionnaire de la Poste, qui me regarda attentivement, se posa des questions mais se décida finalement à me donner le document.

Avec le *Postausweis*, je pouvais me risquer à emprunter l'autoroute du Reich vers la Haute-Silésie avec Mme Kolschewsky et son fils. En chemin arriva le moment dangereux du contrôle des voyageurs par la police militaire. Mme Kolschewsky présenta les deux cartes d'identité et tout se passa sans accroc. Mon *Postausweis* résistait effectivement à l'examen. J'aurais préféré aller directement de Breslau à Beuthen, mais ma «protectrice» ne voulait pas me laisser partir et je dus donc la suivre jusqu'à Kreuzburg (aujourd'hui Kluczbork, en Pologne). Une voiture à purin nous prit à la gare et nous conduisit à la ferme où Mme Kolschewsky voulait se rendre. Chez le fermier, nous mangeâmes à satiété, savourant les tartines de saindoux et de beurre. Je passai la nuit là-bas, et la suivante dans un hôtel à Kreuzburg. Là aussi, je dus présenter mon *Postausweis*. J'avais terriblement peur. Le lendemain, je pus enfin continuer seule le voyage jusqu'à Beuthen. J'avais appelé les Sorauer et leur avais annoncé ma visite. À ma grande joie, je fus très chaleureusement accueillie et fis ainsi la connaissance de la famille du frère de ma grand-mère. Je leur transmis la triste nouvelle de la déportation de ma grand-mère à Theresienstadt. Je suis arrivée chez eux un samedi, car je me souviens qu'ils m'ont emmenée à l'église le lendemain matin pour assister au service du dimanche : je ne sais cependant plus si celui-ci était de rite catholique ou protestant. Les Sorauer apprirent alors que je vivais «illégalement». Leurs enfants, les cousins et cousines de ma mère, ne m'avaient jamais vue auparavant. Sauf un des fils, représentant de commerce, qui était passé chez nous de temps en temps à Berlin.

Comme on ne pouvait rester quelque part plus de trois jours sans se déclarer, mon séjour chez ces parents aimables et inquiets pour moi fut de courte durée. Je devais rapidement retourner à Berlin. Kurt Sorauer, l'un des fils, me conduisit à la gare. Sur le quai, il me murmura à l'oreille : «Ici, nous ne sommes pas loin d'Auschwitz[62]». Cela ne me disait absolument rien à cette époque et Kurt en resta là. Afin de m'épargner des situations dangereuses lors du voyage de retour, mes parents m'avaient acheté un billet de première classe. Ainsi rentrai-je à Berlin «protégée» par des officiers de la Wehrmacht.

Lors de nos adieux, mon oncle m'avait donné quelques beaux tissus à offrir à ma propriétaire. Quand j'arrivai tôt le matin à la Landgrafenstrasse et voulus remettre ses cadeaux à Mme Kolschewsky, qui était déjà rentrée à la maison, une mauvaise surprise m'attendait. Elle me dit en face qu'elle ne voulait plus m'héberger, malgré mes tissus. Et maintenant ? Dans cette situation, il ne me restait rien d'autre à faire que de me tourner vers les Brüsehaber et de leur demander de me chercher un nouveau domicile.

L'ambiance chez eux était pesante. Un des hommes qu'ils hébergeaient avait apparemment été contrôlé dans la

---

62. Beuthen (en polonais Bytom) est situé à environ quarante et un kilomètres à vol d'oiseau d'Auschwitz.

rue et arrêté. En tout cas, il avait disparu. Je ne me rappelle malheureusement que son prénom: Fred. Ils craignaient maintenant que sous pression, lors d'un interrogatoire de la Gestapo, il ne livre l'adresse de sa cachette. Cela n'est semble-t-il pas arrivé. Pour les Brüsehaber, cela aurait eu de graves conséquences et pour les autres, ceux qu'ils aidaient, cela aurait été fatal.

Entre-temps, Herbert Grünbaum, un horloger, était aussi venu loger chez les Brüsehaber[63]. Pendant la journée, il quittait leur appartement car il avait trouvé du travail chez un collègue non juif. Grünbaum n'était pas particulièrement sympathique, mais il se dit prêt, cependant, à décrire ma situation difficile à la famille de son «employeur» et à lui demander de l'aide. Et, de fait, le chef de famille accepta de m'employer chez lui comme bonne.

---

63. Herbert Grünbaum (né en 1897) s'est caché dès le 27 février 1943. Ayant appris le projet de grande razzia («Action en usine»), il ne s'était pas rendu à son travail. LABO, autorité d'indemnisation, dossier n° 6750.

Chapitre 6
REFUGE CHEZ LA FAMILLE MOST

Herbert Grünbaum travaillait en secret pour le jeune horloger Gerd Most à Charlottenburg, dans l'appartement privé du père de Gerd, qui cherchait justement une aide ménagère. On dit la vérité sur ma situation au chef de famille, un homme d'environ 55 ans, puis on me fit faire sa connaissance. Il m'apparut tel que je m'imaginais un gentleman. Arthur Most accepta aimablement non seulement de m'embaucher au sein de son ménage, mais aussi de me loger sur-le-champ. Ce fut un immense soulagement. Je me sentais comme dans un rêve et parvenais à peine à concevoir que j'allais pouvoir rester dans un appartement si beau et confortable. Je crois qu'il est difficile d'imaginer aujourd'hui ce que cette offre signifiait pour moi. Qu'elle me sauvât la vie était bien sûr le principal, mais ce devait être aussi une belle période, quelque chose d'à peine croyable. Je pensai de nouveau à ma mère, qui m'avait toujours dit que les enfants du dimanche sont des enfants heureux. Après ce que j'avais vécu, j'y croyais presque !

Peu après, j'entrai en « service ». Arthur Most habitait un appartement spacieux dans une maison pas trop grande au 117 de la Berliner Strasse[64] (aujourd'hui Otto-Suhr-Allee), en face de la monumentale mairie de Charlottenburg, avec sa haute tour. Il maintenait des relations étroites avec ses frères et sœurs, qui lui rendaient souvent visite. Une nouvelle vie commençait pour moi. J'étais bien sûr très excitée par tout cela. Par gratitude, je voulais tout faire pour satisfaire

---

64. Dans l'annuaire de 1943, on ne trouve à l'adresse Berliner Str. 117 – hormis Most A., commerçant, et une gardienne – que trois propriétaires d'appartement et une filiale du *Völkischer Beobachter*.

Arthur Most dans son appartement, vers 1943.

mon nouvel « employeur » et sa famille, mais je manquais terriblement d'assurance car je n'avais pas la moindre expérience de ce que signifiait tenir un grand ménage, ou même servir à table un repas pour plusieurs personnes. De surcroît, cuisiner était une sorte de défi pendant la guerre, car il était souvent difficile d'obtenir les ingrédients appropriés. Arthur Most parvenait cependant de temps en temps à dénicher quelque chose de spécial. Il travaillait au *Berliner Lokal-Anzeiger*[65], vraisemblablement au service commercial. J'avais désormais 19 ans, mais on ne peut guère comparer mon degré de maturité avec celui des jeunes gens de cet âge aujourd'hui car, en dépit des difficultés de l'époque et de ce

---

65. Pendant la Seconde Guerre mondiale, ce journal fusionna avec le *Berliner Morgenpost*. Il fut interdit en 1945 à la fin du Troisième Reich par le Conseil de contrôle des alliés.

Arthur Most avec son frère Fritz, vers 1943.

que j'avais vécu, j'étais encore une enfant en raison de mon éducation. Je n'avais aucune expérience de la vie, mais un immense désir de survie.

Arthur Most était à la tête d'une famille peu ordinaire. Sa sœur aînée, non mariée, Elfriede, surnommée Frieda, était enseignante; une vieille fille aimable telle que l'on se représentait alors une enseignante. Sa plus jeune sœur travaillait comme photographe à la UFA (Universum Film AG), elle s'appelait Grete et était mariée à Aribert Klose, un gentil «professeur distrait». Deux frères plus jeunes d'Arthur étaient dentistes. Erich avait l'air assez sérieux et Fritz, le benjamin, était un bon vivant, mais aussi un bon dentiste! Tout le temps où je vécus là, il était dans la Wehrmacht mais passait souvent chez son frère. Enfin il y avait leur mère, fort âgée, une très aimable vieille dame.

Athur Most avec son fils Gerd, vers 1943.

Arthur avait obtenu d'habile manière l'exemption de la Wehrmacht pour son fils horloger. Gerd Most, alors âgé de 25 ans, ne vivait pas à Berlin, mais à Mittweida, en Saxe, où il tenait une boutique d'horlogerie avec sa mère, dont Arthur Most était divorcé. Pendant mon séjour chez la famille Most, je dormis dans la chambre de Gerd, qui était la plupart du temps à Mittweida. Autant que je m'en souvienne, il apparaissait environ toutes les trois semaines dans l'appartement de son père et apportait des montres défectueuses qu'Herbert Grünbaum réparait : ainsi, tout le monde était aidé. Je ne découvris bien sûr tout cela que progressivement pendant mon séjour chez les Most.

Peu à peu, j'appris à connaître et bientôt aussi à aimer chaque membre de la famille. Arthur Most avait une amie intime, Mlle Weber, qui était probablement sa compagne. Elle se donna bien de la peine pour moi et m'aida à devenir une aide ménagère relativement utile. Je n'avais en tête que de manifester ma reconnaissance en accomplissant toutes mes tâches le mieux possible. Gerd était par ailleurs un beau jeune homme aux cheveux noirs et aux yeux bruns et vifs, franc et charmant. Lorsqu'il me rencontra pour la première fois dans l'appartement paternel, il me dit: «Restez chez nous, vous êtes maintenant ma petite sœur, ici vous êtes en sécurité.» Il devint effectivement comme un grand frère pour moi... bien qu'il ne fût pas bien grand. Tous les membres de la famille étaient des personnes cultivées et ouvertes, avec beaucoup de cœur et, ce qui était le plus important, des adversaires déclarés d'Hitler. En m'accueillant, moi, une fugitive juive, ils devenaient des résistants secrets.

Ils ne me laissèrent pas seulement vivre et travailler chez eux, ils me traitèrent comme un enfant de la maison, m'intégrèrent à leur vie de famille, pleins d'amitié et d'attention. Je n'étais nullement traitée comme une simple domestique qui doit rester debout en cuisine. Aucun repas, aucune fête ne commençait sans ma présence à table. Pour la première fois depuis la mort de mes parents et la déportation de ma grand-mère, je me sentais de nouveau en sécurité. J'appris lentement à nettoyer et même à cuisiner. Aujourd'hui, je ne peux plus me rappeler tout ce que je leur ai servi. Mais ce devait être relativement comestible.

Chez la famille Most, il y avait aussi une grande bibliothèque et je pus enfin me remettre à lire, me cultiver pour ainsi dire, après une longue interruption. Il me restait assez de temps pour cela à côté des tâches ménagères. Je réappris à vivre avec des personnes sociables et ouvertes. Le séjour dans cette famille signifiait pour moi bien plus qu'un simple logement.

Toutefois, il y avait aussi bien sûr des situations difficiles. C'était la guerre, et les alertes aériennes nocturnes suscitaient à chaque fois de grandes peurs : qu'arriverait-il si la maison était touchée ? Pour ne pas être remarquée par les autres habitants de la maison, je me dirigeais vers les abris antiaériens publics dès l'annonce de l'approche des bombardiers. Ce n'était pas seulement ma personne que je mettais alors en sécurité : j'essayais de prendre avec moi des cartons contenant de précieuses pièces détachées de montres. Les Most n'étaient pas toujours à la maison le soir. Je ne possédais moi-même presque rien que j'aurais pu emporter, alors je saisissais ainsi l'occasion d'aider « ma » famille et de faire quelque chose pour elle.

Entre-temps, j'avais rencontré vraiment tout le monde, y compris Fritz Most quand il venait en permission et quelques amis intimes de la famille, parmi lesquels « maman Freitag », une amie de Frieda Most, et aussi Aribert Klose, le mari de Grete, et enfin Erich Most et sa femme, Gerda. Celle-ci me parut d'abord froide et réservée mais, plus tard, je la découvris chaleureuse et hospitalière et devins très amie avec elle. Tous sans exception furent charmants avec moi et étaient d'accord pour qu'Arthur Most m'héberge.

Le plus beau, c'était les dimanches. Tous venaient prendre l'ersatz de café, on avait « combiné » des gâteaux et on se réjouissait simplement de pouvoir être ensemble.

Grete et son mari, qui habitaient à Friedenau, venaient aussi souvent à Charlottenburg. Grete était une personne remuante et divertissante, et Aribert Klose un homme très intelligent mais assez en dehors des réalités[66]. Il aimait la poésie et, quand il venait dans la cuisine pour m'aider à faire la vaisselle, il récitait des poèmes. J'aimais beaucoup cela et parfois je pouvais déclamer des strophes avec lui.

---

66. Entrée dans l'annuaire de 1943 : Deidesheimer Str 6 : Klose, A., Ing. dipl.

Le café du dimanche, vers 1943. Arthur Most (avec un nœud papillon) ; à droite, Elfriede Most et Grete Klose, née Most (1er rang) ; derrière (avec des lunettes, au centre), Aribert Klose.

Fritz Most, officier dans la Wehrmacht – bien que sans grand enthousiasme –, avait apparemment un service limité à l'armée car il était souvent dans son cabinet dentaire. Quand il venait chez son frère dans la Berliner Strasse, il y avait de la vie dans la maison. C'était un bourreau des cœurs, avec ses yeux d'un violet intense. Je crois que seule ma situation particulière l'a empêché de mettre également son charme à l'épreuve avec moi. Il était, comme tous les autres Most, simplement gentil et chaleureux à mon égard.

Un jour, Arthur Most rapporta à la maison un régal particulier, une oie, que je devais préparer avec Mlle Weber. Il nous fallut d'abord plumer le grand volatile – une tâche complètement nouvelle pour moi – puis il y eut un repas de fête pour les membres de la famille.

Une autre fois, le maître de maison apporta à la cuisine une cargaison de choux que je devais transformer en

De gauche à droite, Fritz, Elfriede et Arthur Most, puis Grete Klose, vers 1943.

choucroute. Je me revois encore émincer laborieusement le chou, le placer en couches dans de grands pots de grès, le pilonner et recouvrir le tout d'une lourde pierre. Je n'ai pas pu savoir si le chou serait devenu une choucroute vraiment comestible : dans la nuit qui suivit mon départ de chez les Most, la maison fut détruite lors d'un bombardement dévastateur, probablement avec les pots de chou.

Le séjour dans cette famille où, malgré les effrois de la guerre et la persécution, je me sentais à l'abri et protégée, prit en effet fin au bout de quelques mois. Je dus quitter ma forteresse le cœur très lourd, sans savoir où j'irais. Un jour, probablement au début du mois de novembre 1943, Arthur me dit qu'il craignait d'être enrôlé à son tour dans la Wehrmacht, ce qu'il voulait absolument éviter. Il voulait «décamper», pour ainsi dire disparaître. Je devais donc aussi quitter l'appartement. C'est en tout cas ainsi qu'il m'expliqua la situation. Si d'autres raisons ont joué un rôle, si des habitants de la maison m'avaient remarquée et qu'il soupçonnait un danger, je n'en ai rien su. Tous étaient tristes de devoir se séparer de moi, m'assura-t-il. Je devais cependant chercher le plus vite possible un autre logement. Toujours est-il qu'ils me mirent à la porte du jour au lendemain.

Chapitre 7
REFUGE CHEZ LA FAMILLE KOLZER

Quand Arthur Most m'avait annoncé que je ne pourrais pas rester plus longtemps chez lui et que je devais chercher un nouveau logement, je fus d'abord effrayée, puis désespérée. Je ne voyais pas comment trouver un autre hébergement, et je ne voulais pas faire de nouveau appel aux Brüsehaber. Puis une idée salvatrice me vint. Mais il me faut raconter une petite aventure qui m'était arrivée quelques mois auparavant.

Comme je l'ai déjà mentionné, j'allais de temps en temps au cinéma Concordia de la Bülowstrasse pour y trouver quelque distraction, et je le faisais encore lorsque je logeais chez les Most. À côté de films haineux ou de propagande, il y avait une foule de films sentimentaux supposés distraire le public du triste quotidien de la guerre, comme *Carnaval de l'amour* ou *Immensee*[67], qui me changeaient les idées et me divertissaient. Un dimanche du début du mois de juin 1943, il m'arriva une étrange aventure au Concordia. Je me sentais observée et j'en étais irritée. J'avais apparemment attiré l'attention d'un jeune homme. Sûr de son fait, l'inconnu prit alors la place libre à côté de moi. Il y parvint sans problème car sa mère, comme je l'appris bientôt, siégeait à la caisse du cinéma et il avait donc un bon contact avec l'ouvreuse, qui lui avait réservé le fauteuil à côté du mien.

Le garçon, d'à peu près mon âge, m'adressa poliment la parole et me dit qu'il s'appelait Oskar Kolzer. Je dois dire qu'il était très bien de sa personne, avec son franc visage de jeune homme. Puis il me raconta qu'il devait partir

---

67. Du nom du village suisse où les héros se retrouvent [NDE].

trois jours plus tard au front comme soldat[68]. Auparavant, il aurait bien aimé faire la connaissance d'une jeune fille. Il me demanda très directement et avec beaucoup de charme : « Voudriez-vous vous promener avec moi pendant les trois jours restants ? J'aimerais bien aller à Potsdam voir ma tante, la sœur de ma mère. » Je répondis spontanément que je n'étais encore jamais allée à Potsdam. J'étais tiraillée, ne sachant pas s'il serait imprudent d'accepter, mais je consentis finalement parce que le garçon m'était vraiment sympathique. Nous nous rendîmes donc à Potsdam, mais nous nous contentâmes de nous promener dans le parc Sanssouci et de regarder le château sans rendre visite à la tante, que je rencontrai d'ailleurs par la suite. Personne, certainement, n'a discerné dans les deux jeunes promeneurs le futur soldat en compagnie d'une fugitive juive, mais simplement deux personnes qui prenaient du bon temps. Au moment des adieux, lors de son dernier jour à Berlin, Oskar me demanda de rendre de temps en temps visite à sa mère au cinéma durant son absence : elle se sentait souvent seule, le père d'Oskar étant déjà assez âgé et fréquemment malade. Je lui assurai que je le ferais volontiers. Avant son départ, il me présenta sa mère et me demanda l'autorisation de m'écrire. J'étais également d'accord et lui donnai, pour notre correspondance, mon nom d'emprunt, Hannelore Winkler, et l'adresse éprouvée des Matschkowski. Oskar rejoignit ensuite la Wehrmacht.

Après son départ, en juin 1943, je suis effectivement allée de temps en temps voir Mme Kolzer à la caisse du cinéma. Je fis ainsi la connaissance d'une femme aimable et chaleureuse. Et, ce qui était très important pour moi, elle

---

[68]. Selon les archives militaires allemandes (WASt), Oskar Kolzer entra en service actif en juin 1943.

Viktoria Kolzer (4ᵉ à partir de la gauche) avec des collègues devant le cinéma, vers 1940.
Photo : collection privée Renate Schrader

s'opposait clairement au régime national-socialiste. Elle savait que je correspondais avec son fils et supposait qu'il voulait se fiancer avec moi. À ce moment-là, ni Oskar ni sa mère ne savaient rien de ma situation.

Après l'entrevue avec Arthur Most, lorsque je dus chercher d'urgence un logis, je décidai d'aller au Concordia et de me confier à la mère d'Oskar. Je lui avouai que j'étais une Juive en fuite et lui exposai ma situation sans issue. Bien sûr, elle tomba d'abord des nues, puis elle me laissa entendre qu'elle serait d'accord pour me prendre chez elle mais qu'elle devait d'abord en parler avec son mari. Elle pensait sûrement également à Oskar, qui était engagé sur le front : lui aussi, peut-être, se trouverait un jour dans une situation dans laquelle il devrait compter sur l'aide des autres.

Le lendemain, Mme Kolzer me dit que je pouvais venir chez elle et son mari. Mon soulagement fut indescriptible. Et ici se répète un motif qui fut constant pendant toute ma période clandestine : je faisais confiance à des personnes sans être naïvement confiante. J'avais apparemment un flair assez infaillible pour savoir à qui je pouvais m'ouvrir. À aucun moment ne m'est venue la pensée que la mère d'Oskar puisse me trahir. Je faisais de nouveau l'expérience qu'il existait encore des personnes dignes de confiance qui n'avaient pas jeté par-dessus bord la morale, la décence et l'humanité.

Mon «déménagement», le 22 novembre 1943, coïncida avec un terrible événement. Viktoria Kolzer et son mari, Jean (officiellement Johann), habitaient au n° 28 de la Nollendorfstrasse, dans la partie nord de Schöneberg. Entre-temps, Mme Kolzer avait quitté le Concordia pour travailler au Ufa-Palast, dans le quartier du Zoo, qui était beaucoup plus éloigné de son appartement. Nous avions rendez-vous à son nouveau lieu de travail, et je m'y trouvai le soir avec mes effets. Son mari était venu nous chercher et nous voulions rentrer ensemble «à la maison».

C'était un lundi. Beaucoup de gens étaient sortis en cette soirée de fin d'automne humide et froide. Les cinémas et les restaurants étaient pleins lorsque tout à coup, vers 19 h 30, retentit une pré-alarme. Les sirènes hurlaient. Un peu plus tard, ce fut l'enfer dans le ciel. On entendit le grondement des bombes. Les gens fuyaient vers les abris antiaériens. Je ne me rappelle plus comment et où nous nous avons cherché refuge. Lorsque l'alerte cessa enfin, ce fut un miracle que nous ne nous trouvions pas sous les décombres. Nous avons alors couru dans la nuit en direction de la Nollendorfstrasse. Les rues étaient balayées par des tempêtes de feu, des gens criaient, des poutres tombaient avec fracas et des murs entiers de maisons s'effondraient. Nous risquions à tout moment d'être écrasés. Le visage caché dans nos vêtements pour nous protéger de la fumée, nous avons couru à travers le feu et les vapeurs. Plus nous approchions de la Nollendorfstrasse, plus nous avions peur que le bâtiment n'existe plus. Des pans de rues entiers étaient dévastés. Peut-être ne pourrions-nous même pas atteindre la maison des Kolzer? Mais, d'un coup, ce fut le miracle. Oui, vraiment un miracle! Autour de nous, tout n'était qu'incendies, fumée et décombres; seule la Nollendorfstrasse se tenait intacte devant nous. Pas de feu, pas de maison bombardée, et au-dessus de nous le ciel nuageux s'ouvrit un instant, laissant voir quelques étoiles.

Nous nous sommes tenus un instant tous les trois enlacés. Puis nous sommes entrés, tremblants et pleurants, dans «notre maison». Nous étions déjà presque une famille. Et, encore une fois, ce nouveau logis devait devenir bien plus qu'un simple toit sur la tête. En Viktoria Kolzer, je trouvai une véritable mère, qui me manquait tant. Les membres de la famille Most étaient plutôt comme des oncles et des tantes, et je les appelais ainsi.

Mme Kolzer était un peu superstitieuse. Elle voyait notre aventure comme un bon présage. Moi aussi, et ainsi nous nous sommes sentis protégés. Nous avons été épargnés par les bombes jusqu'à la fin de la guerre: la seule qui tomba durant mon séjour, dans la cour intérieure, n'éclata pas. La nuit de mon arrivée, tout l'ouest de Berlin avait été touché par les violents bombardements, en particulier le quartier de Hansaviertel, qui était presque entièrement en flammes, mais aussi Charlottenburg. Quelques jours plus tard, j'ai marché vers l'hôtel de ville de Charlottenburg pour voir la maison de « ma famille », mais, à l'endroit où les Most avaient habité, je ne trouvai plus qu'une ruine. Le 23 novembre, une nouvelle grande offensive avait eu lieu. Jusqu'aux dernières heures du 24, les pompiers avaient travaillé à éteindre les flammes. De larges parties de la ville fumèrent encore des jours entiers, jusqu'à ce qu'une pluie verglaçante eût tout éteint.

Quand je regarde en arrière aujourd'hui, je suis frappée par le fait qu'étrangement, bien des maisons au sein desquelles j'avais connu des expériences positives étaient restées intactes. Le bâtiment où ma grand-mère avait vécu et où habitaient aussi nos chers gardiens Fritz et Theodor Matschkowski, « notre » maison au 28 de la Nollendorfstrasse, la maison des Brüsehaber dans la Nassauische Strasse, celle de la famille Frank dans la Tauentzienstrasse et celle de ma chère laitière Nöske dans la Solmsstrasse ont survécu à la guerre. Ce n'est que du hasard mais, en ces temps mauvais, nous croyions fermement que tout ceci avait un sens caché. Aujourd'hui encore, je m'accroche à la pensée qu'une puissance supérieure m'a protégée et veille encore sur moi et ma famille. Cette arrivée insolite dans ma nouvelle cachette et les événements de cette nuit de bombardements sont restés profondément gravés en moi.

L'appartement de la famille Kolzer se trouvait dans l'aile droite – comme on disait – dans la cour, au rez-de-chaussée. Il consistait en une salle de séjour et une chambre étroite en boyau dans laquelle les lits des époux étaient placés l'un derrière l'autre. On pouvait à peine ouvrir la fenêtre. En comparaison avec la famille Most, ils vivaient dans des conditions très modestes. Je dormis sur le canapé du salon, qui servait habituellement de lit à Oskar. Il y avait aussi une minuscule cuisine. Incidemment, le groupe local

Oskar Kolzer, soldat en France.
Photo : collection privée
Renate Schrader

du NSDAP[69] était domicilié en face de notre maison, au 15 de la Nollendorfstrasse. Nous étions donc de nouveau assez proches de la « gueule du loup ».

La vie quotidienne chez les Kolzer se déroula dès le premier jour aussi naturellement que si nous avions toujours vécu ensemble. Les époux se faisaient beaucoup de souci pour leur fils et je pris alors un peu sa place. Il en fut ainsi même par la suite : j'étais devenue un peu comme leur fille, ce qui fut une merveilleuse expérience pour l'orpheline déracinée que j'étais. Heureusement, nous sont parvenues des nouvelles rassurantes d'Oskar, qui était affecté en France : il avait été légèrement blessé et se trouvait dans un hôpital[70].

Nous devînmes peu à peu une vraie famille. Je fis même la connaissance des deux sœurs de Viktoria Kolzer ; l'une

---

69. Parti national-socialiste des travailleurs allemands, ou parti nazi [NDE].
70. WASt : Oskar Kolzer a été admis à partir du 13 octobre 1943 dans l'hôpital de guerre de Tours (France) puis, à partir du 11 novembre 1943, dans la maison de convalescence des armées de Biarritz. Le 3 décembre, il a été déclaré « apte au service dans la troupe ».

Viktoria Kolzer vers 1943.

vivait à Potsdam, l'autre à Stolp. Quand, après la Libération, Mme Kolzer rencontra la famille Most, j'eus d'un coup une mère, des tantes et des oncles. Gerd Most, de toute façon, m'avait toujours regardée comme sa petite sœur. Cela me donna une force incroyable et la foi solide qu'il ne nous arriverait rien. Cette certitude était si forte que je pouvais la reporter sur ces deux chères personnes : Viktoria et Jean. Je faisais ce que je pouvais pour me rendre utile à leurs côtés. C'était peu de chose, mais ils avaient ainsi, à travers moi, le sentiment de ne plus être seuls en ces temps terribles.

J'ignorais alors que le bâtiment sur rue au 28 de la Nollendorfstrasse possédait un splendide escalier datant du Gründerzeit[71], par lequel on accédait à de spacieux appartements : je ne l'ai constaté avec étonnement que des décennies après la guerre, quand mes amies et amis habitant l'immeuble m'ont fait passer par là. L'écrivain anglais Christopher Isherwood, qui avait vécu dans la maison d'en

---

71. « Époque des fondateurs », période économique et architecturale de la seconde moitié du XIXe siècle [NDE].

face autour de 1930, a décrit avec justesse la rue de cette époque : « Une massive splendeur, des magasins en sous-sol éclairés à longueur de jour, à l'ombre d'immenses façades ornées de balcons, aux devantures de stuc crasseuses, avec des fioritures saillantes et des symboles héraldiques. » Pendant les mois de guerre durant lesquels j'ai vécu cachée chez les Kolzer, j'avais à peine un regard pour tout cela, passant toujours rapidement par la cour qui menait à notre entrée. Les Kolzer n'avaient jamais parlé avec moi du fait que, dans les deux longues ailes latérales, se trouvaient des « appartements juifs » dans lesquels avaient vécu de nombreuses personnes qui avaient été déportées avant mon arrivée. Des pavés commémoratifs *(Stolpersteine)* rappellent aujourd'hui ces anciens habitants, dont beaucoup ne sont restés ici que peu de temps après s'être installés dans la maison.

Lors des attaques aériennes de décembre 1943, nous cherchions refuge dans l'abri public installé dans la station de métro Nollendorfplatz, sur le quai inférieur. Les Kolzer le voulaient pour éviter les questions que les autres locataires auraient certainement posées à mon sujet dans la cave de la maison ; je devais être vue le plus rarement possible dans l'immeuble. Ils le voulaient aussi pour leur propre sécurité, mais je crois qu'ils pensaient à moi en premier lieu. Ils étaient totalement désintéressés et prenaient comme quelque chose de normal le désagrément de devoir courir eux aussi à un abri hors de leur maison.

Dans l'abri aérien, il y avait des niches dans lesquelles on pouvait trouver place si l'on arrivait assez tôt. Une fois, nous y avons même vu l'actrice Lil Dagover, et je fus très impressionnée. Comme il n'y avait plus de séances de fin de soirée au cinéma à cause des alertes, Mme Kolzer venait elle aussi dans l'abri. Son mari et moi nous y rendions souvent avant elle afin de retenir des places; nous avons même eu un moment une «place fixe» dans une niche, au milieu de nazis à 100%. Nous ne pouvions pas rêver meilleure protection. Qui aurait pu deviner en moi une Juive cachée? J'étais toujours blonde, j'étais discrète et je me comportais comme tous les autres, ce qui ne m'était pas difficile car après tout j'étais berlinoise et pouvais maintenant l'être sans peur. En tant que Juive, j'étais devenue complètement invisible. En silence, je riais sous cape. Mais un soir, avant même que l'alarme ne sonne, il y eut une grande agitation dans le bunker et quelqu'un cria qu'un Juif caché venait d'être arrêté. Je fus terrorisée et tétanisée. Par peur d'un contrôle, je quittai rapidement l'abri sans me faire remarquer et courus vers l'appartement voisin de Fritz Matschkowski, qui fit me fit entrer. Au bout d'un moment, je lui demandai de sortir pour voir s'il n'y avait plus de danger. Puis je retournai avec les autres.

Un matin de la deuxième quinzaine de décembre, très tôt – il était 4 ou 5 heures et je dormais encore profondément –, on sonna à la porte. À l'effroi des Kolzer succéda la joie, car Oskar se tenait sur le palier. Il avait reçu une permission inespérée pour passer Noël et le Nouvel An chez lui. Ce fut bien sûr une énorme surprise pour lui de me trouver chez ses parents, et en plus j'avais pris son lit. Mais les Kolzer ne songèrent pas un instant à remettre en question mon séjour chez eux. Je dus être logée ailleurs les deux premiers jours, mais je ne me souviens plus chez qui. Ensuite, je pus retourner chez eux alors même que je les mettais tous en grand danger. Oskar était complètement épuisé et passa la plupart de ses journées à dormir sur son canapé-lit. Ses parents m'installèrent une couchette

Oskar Kolzer en permission à Berlin, en 1943-1944.
Photo : collection privée Renate Schrader

provisoire sur le sol de la cuisine. Au cours de ces journées, Oskar ne parla pas à ses parents – du moins pas en ma présence – de ce qu'il avait vécu en France sur le front ; et Victoria et Jean étaient simplement heureux d'avoir leur garçon sain et sauf avec eux.

À la suite d'une circonstance malheureuse, je pus bientôt montrer d'une manière particulière ma gratitude à mes protecteurs. Pendant le séjour d'Oskar à Berlin, son père eut un petit accident dans lequel il se blessa à la jambe. Était-ce l'âge ou la mauvaise alimentation ? La plaie ne voulait pas guérir. Nous dûmes finalement mener M. Kolzer à un hôpital de Schöneberg, où il fut opéré. Oskar me présenta sans façon comme sa sœur. On le crut, bien sûr : il portait l'uniforme de la Wehrmacht. On nous expliqua qu'en raison des dommages causés par les bombardements, l'hôpital serait bientôt transféré ailleurs avec tous les patients.

Lorsqu'eut lieu l'évacuation des malades, on m'autorisa, comme fille de M. Kolzer, à voyager avec lui jusqu'à la gare lors de son transport en ambulance et à rester avec lui dans le compartiment jusqu'au départ. Sa femme put se libérer à temps et vint également lui dire au revoir dans le train. L'hôpital entier fut transféré à Karlsbad, qui était à cette époque sous protectorat[72]. Les larmes aux yeux, Jean Kolzer me dit alors : « Je vous suis si reconnaissant pour tout ce que vous faites pour ma famille. »

Après le départ de son père, Oskar dut retourner à la guerre le 6 janvier 1944 et ne revint plus en permission. J'ignorais à l'époque qu'il avait été envoyé sur le front de l'Est[73]. Viktoria Kolzer et moi sommes restées seules. Désormais, je l'appelais maman. Son mari m'avait chargée de veiller sur elle, car elle était de constitution très délicate et il était inquiet pour elle. Je lui avais assuré que je ferais tout pour la soutenir. J'avais à cœur de tenir cette promesse et je le fis autant que je le pus.

Le 27 janvier 1944, il y eut de nouveau une grande attaque sur Berlin. Maintenant que nous étions seules, lors des alertes aériennes, nous allions dans le grand abri du

---

72. Il s'agit probablement de l'hôpital Auguste-Victoria, dans la Rubensstrasse, à Schöneberg. Son site Internet indique que la plupart des services avaient été transférés à Karlsbad (Karlovy Vary) en raison de la destruction des bâtiments.
73. WASt : Oskar Kolzer dut retourner au front le 6 janvier 1944. À partir de la fin avril 1944, il fut affecté au 3e régiment blindé de grenadiers, rattaché à la 3e division blindée. La division fut engagée dans la région de Kichinev (Chisinau), puis du 11 août au 7 septembre 1944 près de la Vistule, dans la tête de pont de Baranov. Le caporal Kolzer fut légèrement blessé à Nowy Wies et transféré au poste de soins principal de la 3e division blindée. On peut lire également : « Aucun document sur la période de captivité de guerre. Libéré par les Britanniques à une date non enregistrée. »

jardin zoologique. C'était une tour antiaérienne de cinq étages dans laquelle se réfugiaient des milliers de Berlinois. On y était plus en sécurité que dans les abris du métro de la Nollendorfplatz. Le revers de la médaille était le danger d'y être reconnue par quelqu'un et je devais rester constamment sur mes gardes.

Une nuit, dans la rue, ce que je redoutais le plus fut sur le point d'arriver. J'étais allée chercher Mme Kolzer à son travail au Ufa-Palast[74]. Nous flânions en bavardant en direction de la station Zoo lorsque je me rendis soudain compte que je connaissais le beau type brun qui arrivait en sens inverse en compagnie d'autres hommes. C'était Rolf Isaaksohn, envers lequel Helga Neisser m'avait heureusement déjà mise en garde. L'effroi se communiqua à mes membres, mes jambes ne me portaient plus; mais je fis confiance à mes cheveux blonds, à mon apparence changée et à ma confiance en moi nouvelle. Je continuai tranquillement à parler comme si de rien n'était. Heureusement, le «grappin» ne me remarqua pas. Je n'en dis rien à Mme Kolzer, ni sur le moment ni même plus tard, pour ne pas l'effrayer inutilement.

Mais il y eut aussi des rencontres surprenantes et agréables. Alors que je me trouvais une autre fois dans l'abri du zoo avec Mme Kolzer, j'entendis derrière moi une voix féminine familière et je sus tout de suite qu'aucun danger ne menaçait. Je me retournai et demandai joyeusement: «Inge?» C'était bien mon ancienne camarade de classe de l'école Joseph-Lehmann, Inge Bruns. Elle n'avait pas besoin de se cacher parce qu'elle était préservée de la déportation par son père «aryen», pour qui elle travaillait

---

74. Le Ufa-Palast, près du zoo, fut détruit le 23 novembre 1943 par l'explosion d'une bombe. Après cela, les séances de cinéma eurent lieu dans une aile latérale de fortune. En 1957, le Zoo-Palast lui succéda sur le même site.

comme secrétaire. Je la présentai à Mme Kolzer et, par la suite, nous revîmes régulièrement Inge, qui nous aidait avec de la nourriture. Il ne faut pas oublier que Mme Kolzer et moi devions nous débrouiller avec une seule carte d'alimentation. «Maman» partageait donc avec moi ce qui était à peine suffisant pour une personne et elle ne connaissait personne au marché noir. Rosi Frank et sa mère, que j'avais connues par les Neuberg et qui habitaient dans la Tauentzienstrasse, nous faisaient également parvenir de la nourriture.

Par une étrange coïncidence, je ressemblais assez à Mme Kolzer, qui était petite et mince, et aussi à son fils. C'était en tout cas un avantage. On murmurait dans la maison que j'étais sa fille illégitime car son mari était sensiblement plus âgé qu'elle. Comme beaucoup de Berlinois avaient été bombardés et n'avaient que des papiers provisoires, nous n'étions pas trop inquiètes et les laissions croire ce qu'ils voulaient.

Malheureusement, Viktoria Kolzer perdit son travail au cinéma en 1944 et fut obligée, comme toutes les femmes sans enfant à charge ni emploi permanent, d'aller travailler dans une usine AEG située hors de la ville. Beaucoup de Berlinois espéraient maintenant la fin rapide de la guerre. La situation devenait de plus en plus critique pour le front allemand. Les Alliés avaient débarqué en Normandie. Pour nous, il s'agissait maintenant de tenir, la fin semblait proche. Je devais néanmoins rester sur mes gardes, car il y avait encore de nombreux nazis convaincus qui n'eurent pas peur, jusqu'au bout, de dénoncer les «personnes suspectes», et la Gestapo faisait toujours la chasse aux «Juifs fugitifs». Il fallait compter en permanence avec une possible dénonciation ou un contrôle.

Mme Kolzer avait une santé fragile. Le long et pénible voyage à l'usine et le travail lui-même étaient éprouvants pour elle. Au début du mois de mars 1944, la guerre aérienne menée contre Berlin s'intensifia. Outre les fréquentes attaques nocturnes, nous subissions de plus en plus de grandes attaques pendant la journée. La mort pouvait venir des airs à tout moment. Les alertes devinrent plus fréquentes et les attaques plus violentes; nous étions de plus en plus souvent dans l'abri. Régulièrement, Mme Kolzer ne pouvait pas se rendre au travail car les routes étaient bloquées. On s'organisait entre deux attaques, réparant les fenêtres cassées en clouant devant les ouvertures des planches qui s'envolaient rapidement. Nous étions heureuses de savoir que Jean Kolzer, au moins, était relativement en sécurité. Mais, au bout de quelque temps, arrivèrent malheureusement des nouvelles très inquiétantes de Karlsbad. On l'avait opéré une nouvelle fois: un morceau de peau de son bras avait été greffé sur sa plaie et il y avait des problèmes de cicatrisation. Peu de temps après, tôt le matin, ce devait être à l'automne 1944, on ramena sans préavis, et à notre grand effroi, le malade à la maison[75].

Le front russe s'approchait de la Tchécoslovaquie et les Allemands voulaient se retirer aussi vite que possible. La gangrène avait infecté les pieds du vieil homme. La plaie opératoire était cicatrisée, mais il avait contracté des inflammations aux chevilles pendant sa longue station couchée. C'était tout simplement horrible. Il n'était plus question de continuer à aller dans l'abri du zoo. Le couple Kolzer se fiait à moi pour que je parvienne à les aider dans

---

75. En 1944, les malades de l'hôpital Auguste-Viktoria furent transportés « dans des conditions très difficiles » de Karlsbad à Berlin, selon les informations fournies par le site Internet de l'hôpital.

cette misère. J'ai d'abord essayé de me procurer un fauteuil roulant. Et j'ai effectivement trouvé un modèle léger en bois et en osier, que l'on pouvait emprunter au magasin de matériel médical Pech de Schöneberg.

Comme Mme Kolzer travaillait, j'ai bien sûr soigné M. Kolzer, en plus de m'occuper des tâches ménagères. Dès que les vols de bombardiers ennemis étaient annoncés, j'enveloppais le frêle vieil homme dans une couverture, je l'asseyais dans le fauteuil roulant, rassemblais nos objets les plus importants – qui étaient toujours prêts – et le poussais vers l'abri souterrain de la Nollendorfplatz, celui où nous nous réfugions auparavant. Par chance, là aussi, on me prenait pour sa fille, et le policier de service m'aidait à chaque fois à descendre le fauteuil roulant dans les escaliers. Bien que frêle et amaigrie, je me sentais assez forte, et Jean Kolzer n'était plus bien lourd. On nous autorisait à prendre place dans la niche des officiers. C'était la plus grande et la moins occupée.

Il devint presque impossible de garder le malade à la maison. De surcroît, j'attrapai la rougeole pour la deuxième fois : il y avait un risque d'infection et, très affaiblie par cette maladie, je pouvais à peine continuer à le soigner.

Désormais, nous passions aussi les nuits dans l'abri du métro, retournant parfois brièvement à l'appartement pour chercher quelque chose avant de revenir immédiatement. La fatigue due à ces séjours dans l'abri éprouvait encore plus M. Kolzer, de sorte que la gangrène ne voulait pas guérir malgré nos soins inlassables. Le cœur lourd, nous décidâmes début novembre 1944 de le placer dans une maison de soins à Francfort-sur-l'Oder. Ce fut une décision très difficile. Après son départ, nous étions abattues. Peu de temps après, le 19 ou le 20 novembre, « maman » reçut de Francfort la nouvelle de sa mort. Elle informa immédiatement ses plus proches parents. De Dantzig (Gdansk), elle reçut une lettre de condoléances de sa mère, datée du 21 novembre. Celle-ci essayait de consoler sa fille en lui disant que Jean était libéré de ses souffrances. Mme Hartmann supposait qu'Oskar serait autorisé à rentrer à la maison pour l'enterrement de son père, mais ce ne fut hélas pas le cas. Dans sa lettre, elle exprimait son inquiétude pour tous les jeunes hommes qui étaient au front et n'avaient «encore presque rien vécu» de leur vie. Elle écrivait également à quel point elle regrettait que sa fille fût maintenant complètement seule. La mère de Mme Kolzer ne soupçonnait évidemment pas ma présence, et Mme Kolzer était certainement heureuse de m'avoir avec elle dans cette situation. Nous étions profondément déprimées parce que nous n'avions pas laissé Jean Kolzer mourir dans son lit à la maison. Mme Kolzer s'en fit longtemps le reproche. Mais aurions-nous pu agir différemment? Je ne le crois pas.

Le 12 janvier 1945 commença l'offensive soviétique d'hiver. Dès lors, il devint clair que la zone urbaine de Berlin allait bientôt devenir une zone de combat. Notre vie se passait maintenant presque uniquement dans le sous-sol de notre maison. Le 3 février, à 11 heures du matin, eut lieu la pire attaque de jour du centre-ville de Berlin, par des «forteresses volantes» américaines. Je ne sais pas si notre cave aurait tenu si le 28 de la Nollendorfstrasse avait été touché. Ensuite, comme presque tous les Berlinois, nous n'étions plus préoccupées que par notre survie. L'ambiance était partout grave et triste, c'était une vie dans laquelle la mort menaçait constamment.

Autour de nous, tout se disloquait rapidement. On vivait dans un état d'urgence permanent. Et nous avions peur toutes les deux pour la vie d'Oskar. Mais Viktoria Kolzer et moi nous donnions mutuellement du courage. Nous avions punaisé au mur de la cuisine une carte des différents fronts et nous suivions grâce aux reportages des journaux l'avancée des Américains et des Britanniques à l'ouest, que nous marquions avec des épingles. L'Armée rouge était déjà sur l'Oder. Nous attendions pleines d'espérance l'arrivée des Américains, mais ils ne vinrent pas ; ce furent les Russes.

Comme on le sait, l'attaque de la capitale du Reich par l'Armée rouge commença le 16 avril 1945. Berlin se trouvait constamment sous le feu des tirs d'artillerie et les troupes soviétiques étaient désormais impossibles à arrêter. La bataille de Berlin, la dernière, avait commencé. Comme la plupart des Berlinois, qui ne quittaient plus les abris antiaériens et les refuges, nous restions dans la cave de la maison, ne montant à l'appartement que pour de courts séjours. Désormais, absolument plus personne ne se souciait de savoir qui j'étais, et bientôt tous les habitants restèrent en bas jour et nuit. Je me souviens que ce fut le 29 avril 1945, le jour du troisième anniversaire de la mort de ma mère, que les premiers soldats soviétiques entrèrent dans notre abri antiaérien.

Nous nous sommes serrés les uns contre les autres dans la grande cave lorsqu'un soldat russe ivre apparut dans le sous-sol, suivi par d'autres. Des scènes terribles eurent lieu. Une locataire d'origine biélorusse perdit ses nerfs. Elle ne put se retenir et commença, à la vue des soldats soviétiques, à les insulter en russe, ce qui eut des conséquences fatales. Un soldat de l'Armée rouge sortit son arme et l'abattit sur-le-champ. Les habitants l'ont ensuite enterrée dans le petit jardin d'agrément de la cour. Quelques années plus tard, elle fut transférée dans un cimetière.

Chapitre 8
LIBÉRATION

La guerre était finie, j'étais libérée pour de bon. Pourtant, au cours des premières semaines, nous eûmes très peur. Pendant les bombardements, on avait pu espérer avoir de la chance et rester saufs dans l'abri. Désormais, le danger était devenu physiquement palpable, pour ainsi dire. Nous, les femmes, étions toutes du «gibier». On ne pouvait même pas en blâmer les soldats russes après tous les crimes que les Allemands avaient commis en Union soviétique. Mme Kolzer dut me cacher de nouveau, cette fois pour que je ne sois pas victime d'un viol. Les locataires de notre maison furent par ailleurs très surpris quand ils apprirent que j'étais une Juive cachée qui vivait sous leur toit depuis un an et demi. Mais tout ceci était désormais insignifiant.

C'est probablement la fille de la femme abattue qui m'apprit à dire en russe: «Je suis juive.» Le seul problème était que les Russes ne me croyaient pas. Comment l'auraient-ils pu? Ils savaient bien qu'Hitler avait tué tous les Juifs! Et ils étaient méfiants car beaucoup d'Allemands essayaient à présent de se cacher derrière une autre identité. Comme j'étais menacée, Mme Kolzer et moi avons décidé de quitter provisoirement la Nollendorfstrasse et de chercher refuge ailleurs.

Pendant mon séjour dans la Nollendorfstrasse, Mme Kolzer et moi avions parfois la possibilité d'utiliser la ligne téléphonique d'une femme de l'immeuble pour maintenir des contacts avec différentes personnes. De temps en temps, j'avais pu parler avec des membres de la famille Most et je savais donc qu'après le bombardement de la maison de la Berliner Strasse, à Zehlendorf, ils avaient trouvé un abri chez Fritz Most et étaient en vie. Alors que des soldats en maraude erraient encore chez nous à Schöneberg, une sorte d'ordre s'était instauré à Zehlendorf, c'est-à-dire qu'il y avait une police militaire soviétique qui faisait très attention. Mme Kolzer et moi avons alors parcouru à pied le chemin long d'une dizaine de kilomètres à travers la ville en ruines en compagnie de Mlle Elisabeth Albrecht, qui passait de l'or en contrebande dans les semelles de ses chaussures. Elle avait été directrice du *Bremer Zahngoldschmelze Gebr. Teichmann* («Fonderie brémoise d'or dentaire, Teichman Frères»), qui avait son siège depuis de nombreuses années au 28 de la Nollendorfstrasse.

À Zehlendorf, nous fûmes joyeusement accueillies par tous les Most et nous avons pu rester quelques jours chez eux. La guerre était finie et nous étions tous libres, pas seulement moi! Au retour, nous voulions aller à Potsdam prendre des nouvelles de la sœur de Viktoria Kolzer. Je me rappelle comment nous avons dû, pour y arriver, escalader péniblement le pont de Glienicke, qui était gravement endommagé. La sœur de Mme Kolzer avait heureusement survécu elle aussi.

Pour retrouver mon vrai nom, Hanni Weissenberg, je dus attendre que les Américains aient remplacé les Russes dans notre secteur. Le déploiement régulier des troupes américaines à Berlin commença le 4 juillet 1945, lorsque le général Omar Bradley prit le commandement du secteur américain. Peu après, j'ai trouvé par bonheur du travail auprès de la puissance occupante dans la Airborne Division (division aéroportée) de la Sundgauer Strasse, à Lichterfelde, le beau quartier verdoyant de Berlin. J'étais *«salesgirl»*, c'est-à-dire que je vendais dans un kiosque à journaux toutes sortes de produits de la presse américaine

Hanni en «*salesgirl*» dans la Sundgauer Strasse.

tels que *The Stars and Stripes*, le journal des troupes de l'armée des États-Unis, le *Reader's Digest* et d'autres. Cela m'amusait beaucoup parce que j'étais en contact direct avec ces gentils «boys». J'avais mes «habitués» pour les «*funny books*», et j'ai ainsi appris l'anglais en essayant de lire les journaux et de parler aux boys. Ce n'était pas toujours facile car ils venaient de différents coins des États-Unis. Mais une chose me frappa : beaucoup avaient des noms de famille allemands mais ne parlaient pas l'allemand. J'ai travaillé là jusqu'à ce que je quitte Berlin, fin 1946.

Grâce à mon emploi chez les Américains, j'ai pu jouir de divers avantages. Cela me faisait énormément plaisir que ce soit moi, maintenant, qui puisse nourrir Mme Kolzer. Tous les aliments que je rapportais à la maison lui semblaient venir d'un pays de cocagne. C'était, d'une certaine manière, très naturel que nous restions ensemble. De bonnes nouvelles de son fils lui parvinrent bientôt. Oskar avait survécu lui aussi à la guerre et fut libéré de la captivité britannique. Il resta d'abord un temps en Allemagne de l'Ouest.

Je fus stupéfaite quand j'appris peu à peu que je n'étais pas du tout la seule Juive à avoir échappé à la persécution en se cachant. Pendant tout ce temps passé dans l'illégalité, j'avais vraiment cru que j'étais la seule Juive cachée à Berlin!

Chapitre 9
PARIS, UNE NOUVELLE VIE

À la fin de l'année 1945, mon oncle, le frère de ma mère, donna soudain de ses nouvelles de Paris. Walter Oberländer, qui avait survécu en France avec son épouse, Paula, grâce à de faux papiers, avait pu me retrouver avec l'aide de la Croix-Rouge. Il voulait essayer de me faire venir à Paris, moi, sa seule parente survivante. Mais, aux États-Unis, le frère de mon père, Fritz Weissenberg, avait lui aussi appris que j'avais survécu. Les deux oncles s'efforçaient de faire venir leur nièce chez eux. J'avais maintenant le choix entre Paris et New York. Mon choix se porta sur l'oncle Walter et la tante Paula, de qui je gardais des souvenirs d'enfance vivaces. La décision de tourner le dos à Berlin et de m'installer dans la capitale française fut très difficile pour moi. J'étais particulièrement attachée à Viktoria Kolzer, mais aussi aux Most, que j'avais retrouvés après la Libération. Ils étaient vraiment tous devenus ma famille. Bien qu'eux aussi aient eu le cœur presque brisé de me laisser partir, ils pensaient qu'aller retrouver l'oncle préféré de mon enfance dans le Paris – ah ! – si merveilleux était ce qu'il y avait de mieux pour moi. Ils m'y forcèrent presque, en fait, car je ne voulais pas quitter Berlin. Mais ils souhaitaient que « leur enfant » ait un avenir aussi heureux que possible.

Depuis qu'il avait pris contact avec moi, l'oncle Walter cherchait un moyen de me faire sortir du territoire, ce qui était une entreprise très difficile car il n'existait encore aucune liaison ferroviaire régulière entre Berlin et la France. Mais il y avait des convois militaires auxquels pouvaient se joindre des groupes de femmes allemandes qui voulaient épouser un Français ayant fait le travail obligatoire.

Fin décembre 1946, le moment arriva. Je pus me joindre à l'un de ces convois, où j'étais la seule femme qui n'avait pas de fiancé français. Mon voyage faillit prendre fin à la frontière, près de Kehl, quand je fus appelée chez le commandant, qui me dit que je devais payer mon billet moi-même puisque je ne pouvais prouver aucune intention de mariage. J'étais désemparée car je n'avais pratiquement pas un sou sur moi. Mais les femmes de mon compartiment ainsi qu'un couple franco-allemand se cotisèrent et prirent en charge le prix de mon voyage. Nous dûmes encore subir un examen relatif aux maladies vénériennes, et le voyage put continuer.

Une des voyageuses venait de la Thuringe. La pauvre avait un énorme panier et devait encore ensuite se rendre de Paris à Bordeaux. Je ne me rappelle pas exactement combien de temps dura notre voyage, deux jours et deux nuits, m'a-t-il semblé. À l'arrivée à Paris – c'était le 29 décembre 1946 –, un jeune soldat français qui parlait allemand se proposa pour nous conduire en véhicule militaire, nous, les six ou sept femmes seules, à nos destinations. Je fus la dernière à être «livrée».

Oncle Walter et tante Paula vivaient comme avant la guerre dans un hôtel meublé du 16e arrondissement. Leur adresse, 14 rue Raffet, est pour moi inoubliable. Quand, après les diverses errances à travers la ville, j'arrivai enfin, pleine d'attentes, personne n'était là, à mon immense déception. Nul ne m'attendait. Walter Oberländer, qui travaillait de nouveau pour une entreprise cinématographique, était parti à Nice avec sa femme et un client. Il avait laissé un message pour moi au concierge, un Nord-Africain. Il avait aussi prié M. Sommer, un émigré juif qui vivait dans cet hôtel avec sa famille, d'aller chaque jour à la gare pendant son absence pour voir si j'arrivais. Mais, précisément le jour de mon arrivée, l'homme était tombé malade et était resté à la maison. Il avait attrapé un rhume dans les courants d'air de la gare d'Austerlitz. Le concierge informa M. Sommer de mon arrivée et je dus d'abord habiter dans son logement exigu. Le lendemain matin, alors que je prenais le petit-déjeuner avec cette famille qui m'était inconnue, mon oncle si vénéré téléphona à M. Sommer pour savoir si j'étais déjà à l'hôtel et me fit dire que lui et tante Paula ne pourraient revenir à Paris que début janvier. J'étais stupéfaite ! Si j'en avais eu la possibilité, j'aurais tourné les talons et serais repartie à Berlin chez mes amis. Je me sentais tout sauf la bienvenue. Le concierge, compatissant, me prêta alors de l'argent pour que je puisse me rendre au bord de la Méditerranée auprès de mes parents retrouvés et ne passe pas le Nouvel An seule à Paris parmi des étrangers.

Après le voyage en train long et usant que j'avais fait de Berlin à Paris, je me remis en route, cette fois pour la ville portuaire de Nice, dans le sud-est de la France, afin de revoir mes seuls proches parents en Europe après quatorze années de séparation. Au début du mois de janvier 1947, nous sommes rentrés ensemble à Paris et je fus logée, plutôt à l'étroit, chez mon oncle et ma tante. Notre relation, qui n'était pas placée sous une bonne étoile depuis mon arrivée à Paris, se tendit encore avec le temps. Ils ne savaient pas ce que signifiait vivre avec une jeune femme et n'avaient peut-être pas vraiment compris ce que moi, une orpheline, j'avais vécu durant les dernières années, même si eux aussi, bien sûr, avaient des années de persécutions, de peur et de privations derrière eux. Peu à peu, j'appris dans les grandes lignes comment ils avaient survécu en

France, mais c'est le dossier d'indemnisation de Walter Oberländer qui m'a fourni par la suite plus de précisions[76].

Le 1er juillet 1940, l'oncle Walter s'était enfui de Paris avec son épouse pour aller à Marseille, dans la partie de la France qui n'était pas occupée. La Gestapo le recherchait activement. Le bureau de recrutement de Marseille lui procura alors, le 2 juillet 1940, des papiers sous un faux nom, René Valin, né le 14 juin 1897 (sa vraie date de naissance) à Tarascon, fils de Gustave Valin et de Cécile née Artaud, vivant à Aix-en-Provence. Il adopta sa nouvelle identité avec l'autorisation des autorités françaises et reçut tous les papiers d'identité et les cartes d'alimentation à ce nom, sous lequel il vivait avec tante Paula quasiment dans l'illégalité. Le couple s'installa d'abord à Marseille, rue Sainte-Claire, dans un hôtel du même nom. Lorsque, durant l'été 1942, la police de Vichy se livra à cet endroit à des perquisitions incessantes, les époux se cachèrent dans des conditions rudimentaires dans une boulangerie de la rue de la République, chez une certaine madame Roux. Du fait de toutes ces émotions, Paula Oberländer tomba gravement malade. Le couple trouva refuge un certain temps à l'hôpital protestant Ambroise-Paré, puis dut retourner dans la cave de la boulangerie. En novembre 1942, quand les Allemands occupèrent aussi cette partie de la France, des déportations et des actions sévères contre la Résistance eurent lieu à Marseille[77]. Walter et Paula Oberländer quittèrent la ville deux jours après l'invasion allemande, à

---
76. LABO, autorité d'indemnisation, dossier n° 72560, Oberländer, Walter. Les informations proviennent de la biographie contenue dans le dossier.
77. Entre novembre 1942 et août 1944, Marseille – qui avait d'abord fait partie de la zone libre sous la dépendance de l'administration du régime de Vichy – fut occupée par les troupes allemandes. 1 640 habitants, dont environ 800 Juifs, furent arrêtés puis déportés vers le territoire du Reich ou vers la Pologne.

l'aube du 13 novembre 1942, et se réfugièrent dans la ville d'influence calviniste de Mens, dans le département de l'Isère, où il y avait des groupes de partisans et des mouvements clandestins particulièrement actifs. Là, ils ont continué à vivre dans «l'illégalité», d'abord chez M. Chaput[78], puis chez M. Balme. Ils trouvèrent enfin un logement dans une ferme isolée et abandonnée dans la montagne, près de Mens. En septembre 1944, Mens fut libéré et ils rentrèrent à Paris début décembre. Le 6 novembre 1951, le maire de Mens confirma que Walter et Paula Oberländer avaient résidé dans la commune du 14 novembre 1942 au 5 décembre 1944[79]. Oncle Walter n'a pas donné d'autres détails au sujet de ces années de fuite et des personnes qui les avaient aidés. Malheureusement, nous n'en avons pas beaucoup parlé après la guerre. Oncle Walter mourut en 1982.

Même si je savais que mon oncle et ma tante avaient dû vivre, eux aussi, des moments très difficiles, je trouvais qu'ils ne se mettaient pas assez à ma place. Peut-être ne le pouvaient-ils pas ? Le couple vivait très replié sur lui-même et tante Paula s'était vite lassée de sa nièce par alliance, me sembla-t-il. Il me fallut faire l'amère expérience que des gens pouvaient changer à leur désavantage – du moins l'ai-je ressenti ainsi.

Oncle Walter, qui faisait toujours l'important et croyait tout savoir sur tout, s'efforça de me trouver une formation professionnelle, sans prendre mes souhaits au

---

78. Jacques Kaltenbach (1881-1967 probablement), pasteur de l'Église réformée de France et pasteur à Marseille de 1918 à 1948, entra en contact avec sa nièce à Mens au sujet de l'accueil de Juifs clandestins. Jean Chaput était un employé de cette nièce et s'occupa de ces «réfugiés» en son nom. Puisque Walter et Paula Oberländer avaient trouvé auparavant refuge dans un établissement de l'Église réformée, on peut supposer que Kaltenbach avait établi pour eux la liaison entre Marseille et Mens. Recherches : Oranna Dimmig.
79. Toujours selon le dossier d'indemnisation. Voir note 75.

Mariage civil d'Hanni et de Jacques Lévy à Paris, le 27 mai 1948.

sérieux. J'avais terriblement envie de suivre une formation d'esthéticienne, mais lui et ma tante estimaient que ce n'était pas un métier pour les jeunes femmes honnêtes. Finalement, grâce à une organisation de secours juive, ils trouvèrent une école qui proposait de coûteux cours de haute couture pour « filles de la bonne société » ; mais, en raison de ma connaissance inexistante de la langue française, ces efforts étaient assez absurdes.

Après un été merveilleux au cours duquel je passai de belles journées sur la Côte d'Azur, ma vie prit un tournant décisif. Un jour de septembre 1947 apparut chez les Oberländer un jeune homme chargé de rénover leurs chambres. C'était Ernst Jakob Lévy, qui venait de se mettre à son compte à Paris comme peintre et tapissier. Je remarquai bientôt que le jeune homme, qui avait un an de plus que moi, me faisait la cour. Nous sommes tombés amoureux l'un de l'autre. Comme je n'aimais pas vraiment le nom Ernst, je l'ai appelé par son deuxième prénom, Jacques en

Mariage juif d'Hanni et de Jacques Lévy à Strasbourg, fin mai 1948. À droite et à gauche, les parents Lévy.

français. Je pouvais lui parler en allemand, ce qui était très important pour moi. Lui et sa famille étaient originaires de Münster, en Westphalie, et étaient arrivés en France avant la guerre. Nous nous sommes mariés civilement à Paris le 27 mai 1948 et avons célébré peu après notre mariage religieux juif à Strasbourg, dans l'appartement de mes beaux-parents. Je pus enfin quitter oncle Walter et tante Paula et commencer ma propre vie avec Jacques.

La famille Lévy avait également connu des années très difficiles avant et pendant la guerre. Leur histoire, dans laquelle se reflètent les relations franco-allemandes et la persécution des Juifs, doit être racontée ici brièvement. Le grand-père de mon mari, le tailleur et marchand Lazarus Lévy, est né citoyen français en 1867 à Merztwiller, en

Alsace. Après la guerre de 1870-1871 et l'annexion de l'Alsace-Lorraine, il devint allemand. Vers 1890, il s'installa à Münster, où il fonda une famille. Mais, à partir de 1935, ses enfants et petits-enfants furent déclarés français par les autorités nationales-socialistes[80].

En 1938, toute la grande famille Lévy quitta peu à peu Münster. Le premier à émigrer fut Max (né en 1902), fils de Lazarus Lévy; il prit la nationalité française en mai 1938 à Merztwiller[81]. Il avait pu quitter l'Allemagne nazie comme «désormais Français», sans payer la *Reichsfluchtsteuer* (impôts sur les biens des émigrants) et en transférant ses avoirs. Ses frères et sœurs le suivirent au cours de la même année, ainsi que Lazarus Lévy lui-même. Mon beau-père, Adolf Lévy (né en 1893), le fils aîné de Lazarus, exerçait à Münster la profession de plombier. Il avait combattu à Verdun pendant la Première Guerre mondiale et fut décoré en 1934, comme mon père, de la «Croix d'honneur des combattants du front». Il reçut en octobre 1938 un «ordre d'expulsion» en tant que «Juif français» – d'après les récits familiaux – et émigra à Strasbourg le 2 novembre 1938, sans aucune connaissance du français, avec sa femme, Bertha, leur fille de 12 ans, Adele, et leur fils Leo, âgé de 6 ans. Son fils aîné, Ernst Jakob Lévy (né en 1923), était arrivé en juillet 1938, à l'âge de 15 ans, à Strasbourg, où il avait commencé un apprentissage de peintre en bâtiment. Ils avaient tous été rapatriés en tant que Français et les hommes furent ensuite enrôlés dans l'armée française.

---

80. Voir Gisela Möllenhoff et Rita Schlautmann-Overmeyer, *Jüdische Familien in Münster. Biographisches Lexikon* («Familles juives à Münster. Dictionnaire biographique»), Münster, 1995, p. 260-268.
81. En fait, en raison de leur ascendance alsacienne française, les membres de la famille Lévy ont été réintégrés de plein droit dans la nationalité française en vertu du traité de Versailles.

Au début du mois de septembre 1939, après l'invasion de la Pologne par l'Allemagne et le début de la Seconde Guerre mondiale, plus de 600 000 Alsaciens et Lorrains furent évacués vers le sud-ouest de la France, et parmi eux la famille Lévy, qui avait de nombreuses ramifications. Ils atterrirent dans la petite ville de Neuvic-sur-l'Isle, près de Périgueux, en Dordogne. Ils habitèrent dans une petite ferme à la périphérie du village. Dans le foyer d'Adolf et Bertha Lévy vivaient aussi, outre les trois enfants, le grand-père Lazarus et sa fille Hélène.

Au début, tout se passa relativement bien. Ernst Lévy et son père trouvèrent du travail dans une fabrique de munitions à Bergerac et dans une scierie, puis Ernst travailla dans l'usine de chaussures de Neuvic. Le petit frère Leo fréquenta l'école locale. Les frères d'Adolf Lévy se trouvaient aussi à Neuvic. Les choses commencèrent à mal tourner en août 1942 et ils vécurent dans une peur constante jusqu'à la Libération, en août 1944, car il y avait souvent des rafles visant les Juifs. Avertis par les paysans du coin et les voisins, ils s'enfuyaient dans la forêt, mais ça n'a pas toujours suffi. Un jour, mon futur mari et les frères de son père, Bernard et Max Lévy, furent attrapés, arrêtés et internés. Ernst Lévy parvint à s'échapper de la Haute-Vienne, mais pas ses deux oncles. Ils furent envoyés à Drancy, près de Paris, déportés et assassinés[82]. Après son évasion, Ernst Lévy rejoignit la Résistance, qui était

---

82. *Gedenkbuch Bundesarchiv* (Livre mémorial des Archives fédérales) : Bernard (Bernhard) Lévy, né le 11 mars 1895 à Münster en Westphalie. Émigration en novembre 1938, France. Du 26 février 1944 au 20 mai 1944 à Drancy au camp de transit. Déportation de Drancy à Auschwitz le 20 mai 1944. Le 13 février 1945, camp de concentration de Flossenbürg. Date du décès : 26 février 1945. Max Lévy, né le 8 février 1902 à Münster en Westphalie. Émigration le 28 juillet 1938, France. Déportation de Drancy au ghetto de Kowno (Kaunas) le 15 mai 1944. Date du décès : mai 1944.

particulièrement active dans cette région, et y resta jusqu'à la Libération. Ses parents ainsi que son frère et sa sœur ont eu beaucoup de chance et ont survécu à Neuvic.

Mon mari mit sur pied, dans les années qui suivirent, une entreprise de peinture et de décoration qui marcha bien, et je l'ai soutenu du mieux que j'ai pu. Notre fils, René, est né en 1952 et notre fille, Nicole, en 1957. La vie à Paris n'était pas facile dans les premières années. J'étais maintenant une Française, originaire d'Allemagne, mais, malgré toutes les horreurs de la persécution, je n'ai jamais renié mon origine berlinoise. Peu à peu, je me suis installée dans la langue française. Les premières années, il était encore important d'éviter de parler allemand dans la rue.

En famille, toutefois, nous parlions principalement allemand, y compris avec les enfants, en particulier à cause des grands-parents Lévy, venus habiter près de chez nous à Paris, pour qui le français était compliqué du fait de leur âge. J'ai trouvé qu'il allait de soi que nos enfants apprennent ma langue maternelle et grandissent avec la culture allemande. Il m'aurait été difficile de chanter des chansons enfantines dans une langue nouvellement apprise. Et les mots tendres résonnent plus naturellement dans la langue maternelle. Mes enfants eurent aussi la chance de connaître mes sauveteurs et mes amis de Berlin et de pouvoir parler avec eux. L'acquisition d'une langue est d'ailleurs toujours un enrichissement. Mais nous avons toujours veillé à ce que le français soit au premier plan pour les enfants. Une nouvelle perspective de vie s'est offerte à moi en France, pour laquelle j'aurai toujours de la reconnaissance. Je suis devenue parisienne, et ma deuxième patrie est la France.

Chapitre 10
ÉPILOGUE

La nostalgie de Berlin me reprenait souvent. Fin décembre 1952, je me suis envolée avec Jacques et notre fils, René, alors tout juste âgé de six mois, pour passer Noël et le Nouvel An dans ma ville natale, désormais divisée en deux, et revoir mes amis berlinois. Je voulais qu'ils connaissent ma petite famille. Nous avons atterri à l'aéroport de Tempelhof. Nous avons d'abord habité chez Viktoria Kolzer dans la Nollendorfstrasse, puis chez les Most, à Steglitz. Ce fut une grande fête de retrouvailles pour nous tous. Arthur Most est le seul que je n'ai pas retrouvé. Il était mort en février 1949, à l'âge de 58 ans. Mais j'ai aussi revu, lors de cette visite, d'autres personnes chères qui m'avaient aidée dans la détresse et nous avaient toujours soutenus.

Par la suite, une sorte de vie de famille se développa avec mes Berlinois, car les Most se lièrent d'amitié avec Mme Kolzer. «Maman» me rendit visite pour la première fois à Paris en 1953 et je pus enfin la gâter. Je suis même restée six semaines à Berlin en 1960 avec Nicole, qui avait 3 ans. Son allemand a progressé très vite là-bas.

Pendant de nombreuses années, j'ai eu la joie d'inviter à venir me voir à Paris tous ceux qui m'avaient aidée et étaient pour moi comme de proches parents. Viktoria Kolzer est bien sûr restée plusieurs fois chez moi pendant de longues périodes. Pour mes enfants, ils étaient comme des substituts de grands-parents et, pour mon mari, ils appartenaient tout naturellement à la famille. Je pus alors les gâter à cœur joie.

La première que je perdis fut «maman», qui mourut durant l'été 1976, puis ce furent tous les autres au cours des

Jacques et Hanni Lévy en visite à Berlin avec Rosi Frank (à droite) et sa mère (à gauche) durant l'hiver 1952-1953.

années qui suivirent. Viktoria Kolzer fut honorée en 1960 par le Sénat de Berlin en tant qu'«héroïne méconnue[83]». En 1980, Oskar, le fils de Viktoria et Jean Kolzer, et Gerd, le fils d'Arthur Most, reçurent officiellement les certificats et les médailles du mémorial israélien de l'Holocauste de Yad Vashem, à Jérusalem, par lesquels mes sauveteurs furent distingués, à ma demande, comme «Justes parmi les nations», selon le titre honorifique officiel[84].

Malheureusement, tous sont aujourd'hui disparus; Gerd Most est mort en 1982 et Oskar Kolzer en 1989. Mais ma «famille» bien-aimée a pour toujours une place dans mon cœur et j'entretiens toujours des relations étroites avec

---

[83]. Le 9 novembre 1960, à l'occasion du 22ᵉ anniversaire de la Nuit de cristal, Viktoria Kolzer fut honorée en tant qu'«héroïne méconnue» lors d'une cérémonie commémorative organisée dans la communauté juive de la Fasanenstrasse.
[84]. Yad Vashem, département des Justes parmi les nations, dossiers 1392 et 1393.

Épilogue

Hanni Lévy avec Viktoria Kolzer dans le parc du château de Versailles durant l'été 1953.

la fille d'Oskar, Renate Schrader, petite-fille de Viktoria Kolzer. Je la vois presque comme ma fille et elle me voit presque comme une mère. Le hasard, ici encore, a joué son rôle, car elle me ressemble un peu. En 2000, j'ai eu la grande joie de me rendre à Jérusalem en compagnie de ma petite-fille Yael Viktoria, la fille de mon fils, que ses parents ont nommée ainsi en référence à Viktoria Kolzer, et d'aller voir les arbres de mes sauveteurs dans le vaste terrain du mémorial israélien de Yad Vashem.

Je considère comme le grand bonheur de ma vie d'avoir eu et d'avoir encore une famille se tenant à mes côtés : mon fils, René, et sa femme, Renée ; ma fille, Nicole, et son mari, Marcel ; trois petits-fils, deux petites-filles ; et

Viktoria Kolzer avec Hanni Lévy et ses enfants, René et Nicole, à Berlin, en 1968.

mon quatrième arrière-petit-enfant est récemment venu au monde.

Les années de persécution et la période de clandestinité furent terriblement difficiles pour moi, mais les rencontres avec ces personnes extraordinaires ont marqué positivement toute ma vie. Ce n'est que bien plus tard que j'ai compris de quelle horreur incroyable ils m'avaient préservée. Ils m'ont donné la vie une seconde fois, avec amour et bonté. C'est pour cette seule raison que je me suis décidée à écrire cette histoire personnelle : ces femmes et ces hommes ne doivent jamais être oubliés. Leur exemple montre qu'il ne faut pas perdre la foi dans les bonnes personnes. Ils furent des héros à leur manière. Modestes et anonymes, mais pleins d'une humanité vraie

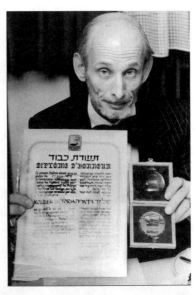

Oskar Kolzer avec le certificat honorifique
de Yad Vashem pour sa mère, à Berlin, le 2 juillet 1980.
Photo : E. Kasperski (Ullstein)

dans une période inhumaine. Nous vivons aujourd'hui de nouveau dans un temps qui connaît peu la miséricorde et est empli d'indifférence et de violence. La haine et l'incompréhension sont hélas toujours de ce monde. C'est comme si un nuage sombre planait au-dessus de nous. Et pourtant je crois qu'il y a et qu'il y aura toujours des « héros inconnus[85] ».

---

85. Ce passage reprend largement l'article d'Hanni Lévy, « Sie haben mir das Leben ein zweites Mal gegeben. Rückblick in die Zeit im Untergrund in Berlin zwischen 1940 und 1945 » (« Ils m'ont donné la vie une seconde fois. Retour sur l'époque de la clandestinité à Berlin entre 1940 et 1945 »), in *Orte des Erinnerns, vol. 2 : Jüdisches Alltagsleben im Bayerischen Viertel* (« Lieux de mémoire, 2 : La vie quotidienne des Juifs dans le quartier bavarois »), *Kunstamt Schöneberg/ Schöneberg Museum/Gedenkstätte Haus der Wannsee-Konferenz Kunstamt Schöneberg*, Berlin, 1995, p. 61-69.

Yael Viktoria Lévy-Zauberman, petite-fille d'Hanni Lévy, devant l'arbre planté pour Viktoria Kolzer à Yad Vashem, à Jérusalem, vers 2000.

À droite : Hanni Lévy lors de son 90e anniversaire, avec son arrière-petite-fille et son arrière-petit-fils, le 16 mars 2014.
Photo : Oranna Dimmig

Épilogue

ME SAUVE QUI PEUT !

Le 90e anniversaire d'Hanni Lévy à Paris, le 16 mars 2014.
De gauche à droite : Huguette Fuks, Beate Kosmala et Sigrid Hoff.
Photo : Oranna Dimmig

Hanni avec des invités pour son anniversaire. De gauche à droite :
Oranna Dimmig, Kirsten Grimstad, Sigrid et Wolfgang Hoff.
Photo : Matthias Reichelt

DEUXIÈME PARTIE
DES HÉROS SILENCIEUX

GÜNTHER ET ELSBETH BRÜSEHABER, DES SAUVETEURS DANS LA PLUS GRANDE DÉTRESSE
Par Beate Kosmala

Beate Kosmala est historienne. Jusqu'en 2015, elle a fait partie des collaborateurs scientifiques du Mémorial des héros silencieux à la fondation du Mémorial de la résistance allemande. Elle a dirigé l'édition allemande de ce livre.

Il semblait de prime abord qu'aucune information ne puisse être trouvée concernant le couple Brüsehaber, vers qui Hanni Weissenberg se tourna à Wilmersdorf alors qu'elle se trouvait dans la plus grande détresse après avoir fui la Gestapo, en février 1943. Apparemment, l'assistance apportée par les Brüsehaber n'avait pas été découverte à cette date, et il ne fallait donc pas s'attendre à en trouver trace dans les fichiers de l'époque. Leur adhésion au NSDAP semblait tout d'abord peu vraisemblable. Les seules certitudes étaient que le chef de famille se prénommait Günther, qu'il était «expert-comptable» et «conseiller fiscal», et qu'il vivait au 20 de la Nassauische Strasse, comme l'indique l'annuaire de Berlin de 1943. Plusieurs tentatives de retrouver des descendants échouèrent, et disparut ainsi l'espoir de retrouver des souvenirs issus de la mémoire familiale. C'était fort regrettable, car les Brüsehaber jouèrent un rôle de la plus haute importance durant les premières semaines d'«illégalité» d'Hanni Weissenberg. Elle avait trouvé auprès d'eux une solidarité spontanée, avait été accueillie amicalement et hébergée pendant les premiers jours. Le prénom de Mme Brüsehaber, qui avait autant aidé que conseillé la persécutée, n'était même pas mentionné. Une demande adressée aux archives régionales de Berlin (Landesarchiv) pour trouver les dates de naissance et de décès de ces personnes afin de connaître au moins leur âge donna cependant un résultat surprenant : il y avait un document de dénazification et un dossier fiscal pour Günther Brüsehaber, ainsi qu'un dossier pénal nazi pour Elsbeth, son épouse à cette époque[1].

Certes, à partir de ce type de matériau, on ne peut souvent que reconstruire des processus arides qui ne peuvent pas remplacer des souvenirs personnels et vivants. Ils sont cependant utiles pour appréhender ces personnes, leur situation personnelle et leurs actions, même si les fichiers et les sources doivent être examinés de manière critique.

Günther Brüsehaber naquit à Berlin en 1905. Il était le fils du fondé de pouvoir Otto Brüsehaber et de son épouse, Bertha, née Nathow. Il fit sa confirmation et fut membre de l'Église évangélique pendant la période nationale-socialiste. Après avoir fréquenté le lycée commercial de la Dresdner Strasse, il commença en 1921, à l'âge de 16 ans, un apprentissage commercial dans l'entreprise juive de fourrure Richard Jacobsohn, située au 62 de la Lindenstrasse à Kreuzberg[2]. La notice biographique de 1945 indique qu'une fois cet apprentissage terminé il fonda sa propre société de confection et travailla comme stagiaire chez son

---

1. Landesarchiv Berlin [désormais LAB], Rép. C 031-01-06, n° 48, procédure de dénazification n° 1601 ; Rép. B 042, tribunal d'instance de Charlottenburg, Rép. A 341-02, n° 31073 ; Rép. A 341-02, Berlin (Mitte), affaires pénales, n° 11173.
2. Articles pour fumeurs et confection de fourrure en gros (textile et vêtements), société fondée en 1907 et liquidée en 1940, Lindenstrasse 62. Voir *Jüdische Gewerbebetriebe 1930-1945* (« Entreprises juives 1930-1945 ») ; pour la base de données, voir landesarchiv-berlin.de/datenbank-berliner-gewerbebetriebe ; voir aussi Christoph Kreutzmüller, *Ausverkauf. Die Vernichtung der jüdischen Gewerbetätigkeit in Berlin 1930-1945* (« Liquidation. La destruction des entreprises juives à Berlin, 1930-1945 »), 2ᵉ éd., Berlin, 2013.

père, devenu entre-temps expert-comptable assermenté. En 1927, il épousa Anna Friedrichs et le couple eut quatre filles : Anneliese en 1928, Ruth en 1930, Liselotte en 1932 et Evelin en 1933. Le jeune père suivit les cours de l'Académie de finances et passa en 1932 l'examen d'expert-comptable avec succès. Il s'installa comme expert-comptable le 1er janvier 1933 à Berlin, à Wilmersdorf, d'abord au 43 de la Güntzelstrasse, s'occupant également de gestion immobilière à partir de 1937. À ce moment-là, la famille habitait au 20 de la Nassauische Strasse. En 1939, Günther Brüsehaber devint aussi gestionnaire de biens.

La question de la position de Günther Brüsehaber par rapport au régime nazi soulève quelques problèmes. En 1933, il entra au NSKK, le Corps de transport national-socialiste[3] ; il fit également partie, à partir de 1937, du DAF, le Front allemand du travail[4]. C'est surtout sa position de sous-officier au sein du NSKK, qu'il avait d'abord cachée, qui lui fut reprochée après la guerre. Au cours de sa procédure de dénazification, il fut particulièrement important pour lui de justifier son activité au sein du NSKK et du DAF comme un calcul tactique ou une nécessité économique. Il affirma n'avoir jamais été activement impliqué auparavant dans des activités politiques, mais avoir été poussé par ses relations et ses clients juifs à rejoindre le NSKK pour pouvoir les informer à temps des mesures prises par les nazis et

---

3. Le NSKK était une sous-organisation paramilitaire du NSDAP. L'organisation existait depuis avril 1930 sous le nom de Nationalsozialistisches Automobilkorps (NSAK, Corps automobile national-socialiste) et fut rebaptisée Nationalsozialistische Kraftfahrkorps (NSKK) en 1931. En août 1934, Adolf Hitler ordonna la fusion de Motor-SA et du NSKK et le plaça sous sa direction immédiate.
4. À l'époque nazie, le Deutsche Arbeitsfront (DAF) constituait l'union des travailleurs et des employeurs, dont le siège était à Berlin (depuis 1935, dans un bâtiment du Hohenzollerndamm, dans le quartier de Wilmersdorf).

les mettre en garde. Sa déposition de 1946, pour laquelle il fit plusieurs déclarations sous serment, l'assure : « Je devais et voulais avoir la possibilité, dans l'intérêt de mes amis juifs, de savoir si de nouvelles mesures contre les Juifs étaient en cours [pour pouvoir les avertir à temps]. Ils m'ont répété à plusieurs reprises que je devrais adhérer à une organisation nationale-socialiste afin d'apprendre à temps si et quand de nouvelles mesures seraient prises contre les Juifs. » À partir de 1935, un expert-comptable n'aurait été accepté par son centre local des impôts que si sa compétence professionnelle mais aussi sa fiabilité politique étaient vérifiées. Suivant les conseils de ses amis et connaissances, Brüsehaber se serait, déclare-t-il dans une formulation peu claire, « camouflé avec la Gestapo auprès de l'administration fiscale [et dans aucune autre administration ou autorité] pour éviter une demande de renseignements auprès de mon groupe local, car sinon mon travail m'aurait été supprimé car ma position antifasciste [lui] avait [été] communiquée[5] ».

Hanni Weissenberg confirma également que son bienfaiteur n'était pas nazi : « Je déclare sous serment que M. Günther Brüsehaber, Nassauische Strasse 20, Berlin-Wilmersdorf, est entré au NSKK [...] sur l'insistance de ses clients et amis juifs, y compris mon père, pour nous avertir à temps de mesures de boycott ou autres. Je peux assurer qu'il était évident que M. Brüsehaber dut surmonter une énorme prévention pour entrer dans cette association. Berlin, 4 octobre 1946. » Elle ne mentionne pas, dans ce contexte, l'aide qu'elle reçut de lui et de sa femme en février-mars 1943.

---

5. En clair : il aurait dit à l'administration fiscale qu'il était lié à la Gestapo (de par son adhésion au NSKK), afin qu'elle n'interroge pas le groupe local du NSDAP, qui aurait révélé son opposition aux nationaux-socialistes [NDE].

Brüsehaber lui-même continue d'exposer ainsi le motif de son adhésion au NSKK : « Je n'ai pas non plus pris part aux manifestations organisées par le NSKK. Il me suffisait pour mon objectif d'entrer en contact avec les différents chefs de groupe. C'est ce qui arriva. J'ai rencontré les chefs de groupe en de très diverses occasions, le plus souvent non officielles. Je cherchais surtout à les rencontrer en privé. Je les invitais à des beuveries, et ce sont précisément ces relations privées et amicales avec les chefs de groupe qui leur donnèrent l'occasion de se confier et de me donner des renseignements que je n'aurais peut-être pas appris autrement. Je ne pouvais cependant pas renoncer à mes contacts avec mes amis juifs [...]. Il filtra jusqu'aux responsables du NSKK que j'étais en relation permanente avec des Juifs. Je fus donc exclu du NSKK en 1936. » Après cela, Günther Brüsehaber aurait été sous l'observation permanente de la Gestapo et surveillé par le groupe local du NSDAP : « Le groupe local m'a interrogé sur les Juifs que je fréquentais. [...] C'est allé si loin que j'ai été arrêté par la Gestapo entre Pâques et la Pentecôte 1939. » On l'accusait d'avoir interdit à une employée de maison de faire un don au *Winterhilfswerk* (Secours d'hiver)[6] : il aurait traité cette institution de « canaille » et, pour ces mots, aurait été détenu dans la Prinz-Albrecht-Strasse pendant trois semaines. Il appuie ses propos en mentionnant une série de témoins juifs et non juifs. Dans sa déclaration biographique, il écrit avec un sarcasme amer : « M. Fritz Oberländer ainsi que son frère Heinz Oberländer, qui pourraient fournir des informations sur les raisons de mon entrée au NSKK, ont probablement été gazés à Theresienstadt ou à Auschwitz. » Lilo Kurniker, qui a elle-même survécu à Theresienstadt, déclare qu'elle y a rencontré Fritz Oberländer et parlé avec

---

6. Action caritative annuelle organisée par le parti nazi [NDE].

lui de Brüsehaber, de son obligeance et de sa serviabilité. Il aurait également envoyé des colis à ses connaissances juives à Theresienstadt. C'est précisément cette relation avec Fritz Oberländer, dont elle avait par chance eu connaissance, qui encouragea Hanni Weissenberg à demander à la famille Brüsehaber de la loger à un moment de grande détresse.

La vie de famille de Günther Brüsehaber connut un changement radical en 1938. Son mariage avec Anna Friedrichs prit fin avec un divorce. Leurs quatre filles, alors âgées de 10, 8, 6 et 5 ans, semblent être restées dans la maison de leur père. Cette même année 1938, Günther Brüsehaber engagea la comptable Elsbeth Klein, âgée de 24 ans, dans son cabinet de conseil fiscal, situé dans son appartement privé de la Nassauische Strasse. En juillet 1940, alors âgé de 35 ans, il fut enrôlé dans la Wehrmacht mais resta stationné à Berlin, où il fut, selon ses déclarations, affecté aux Archives centrales de médecine militaire[7]. Il y était employé avec le grade de caporal avec compétence scientifique. Il pouvait travailler partiellement chez lui, mais la charge principale du cabinet de conseil fiscal reposait sur son employée, qui se montra très efficace. En septembre 1942, Günther Brüsehaber épousa Elsbeth Klein[8]. Le couple resta avec les enfants dans l'appartement de cinq pièces de la Nassauische Strasse. En 1942, il engagea une jeune assistante de bureau.

Presque toutes les informations sur Elsbeth Brüsehaber sont extraites du dossier pénal mentionné plus haut[9] car, à

---

7. Les Archives centrales de médecine militaire (Zentralarchiv für Wehrmedizin, ZAW) furent créées le 1er septembre 1941. Elles dépendaient directement de l'inspection sanitaire de l'armée.
8. Elisabeth Maria Brüsehaber, née Klein le 26 novembre 1914 à Posen (Poznan), protestante.
9. LAB, Rép. A 341-02, tribunal d'instance de Berlin (Mitte), affaires pénales, n° 11173.

part les souvenirs un peu estompés d'Hanni Lévy, il n'existe pas de déclarations ou de documents à son sujet, et on ne trouve aucune trace d'elle concernant la période d'après-guerre. Sa vie pendant la guerre, telle qu'elle ressort du dossier, ne peut être reconstruite qu'avec de nombreux points d'interrogation. Après son mariage, elle continua à travailler auprès de son mari et, apparemment, s'occupa également de ses quatre filles. Sa belle-mère, Bertha Brüsehaber, vivait aussi dans l'appartement. Cependant, Hanni Lévy ne se rappelle pas y avoir vu les filles lorsqu'elle passa plusieurs jours et plusieurs nuits à la Nassauische Strasse en février 1943 : il est possible que les enfants se soient trouvés alors chez leur mère.

Elsbeth Brüsehaber, qui avait neuf ans et demi de plus qu'Hanni Weissenberg, accueillit la persécutée lorsqu'elle sonna à la porte sans s'être annoncée un soir de février 1943. Elle le fit alors qu'il y avait déjà d'autres réfugiés dans la maison. C'est elle qui eut l'idée de faire décolorer les cheveux de la jeune fille afin qu'elle puisse circuler dans l'immeuble et dans la rue sans attirer l'attention, et qui se chargea de trouver un coiffeur disposé à le faire sans poser de questions. On peut supposer qu'elle fournit aussi des vêtements à Hanni Weissenberg, qui était démunie et ne possédait que ce qu'elle portait sur elle quand elle avait fui la Gestapo. Que les Brüsehaber aient pu, au bout de quelques jours, loger la fugitive chez une gardienne d'immeuble de la Landgrafenstrasse tient probablement au fait qu'ils avaient plusieurs immeubles en gestion.

Comme Hanni Levy se le rappellera avec pertinence, l'ambiance chez les Brüsehaber après son retour du voyage en Haute-Silésie avec la gardienne en 1943 était sombre et morose, car un des Juifs qu'ils cachaient, nommé Fred, avait été arrêté et l'on pouvait craindre que, pendant son interrogatoire par la Gestapo, il révèle où il habitait. Günther Brüsehaber donne effectivement, dans sa procédure de dénazification de 1946, le nom d'un couple juif qui se serait caché chez lui un certain temps : Fred et Gretel Braun. Tout indique qu'il s'agissait d'un jeune commerçant de 35 ans, Alfred Braun, employé au travail obligatoire dans l'usine textile de Zehlendorf d'avril 1941 jusqu'en septembre 1942, et de sa femme, Margarete Braun[10]. Les doutes initiaux sur le fait de savoir si les deux persécutés étaient vraiment mariés – la femme était sensiblement plus âgée que l'homme – purent être éclaircis par la déclaration de patrimoine qui se trouve dans le dossier qu'ils durent remplir et signer avant leur déportation[11] : ils étaient bien mariés et ont tous deux mentionné comme dernière résidence légale « Nachodstrasse 28, chez Frost », où ils avaient occupé une petite chambre meublée. Le couple avait commencé à se cacher à partir de septembre 1942. Sur le questionnaire de la déclaration de patrimoine, on trouve à côté du nom de Margarete Braun une note écrite au crayon : « Emprisonnée depuis le 20 avril 1943. » La date de son arrestation coïncide avec le souvenir qu'Hanni Lévy a gardé de la situation à Nassauische Strasse, lorsqu'elle apprit que le clandestin nommé Fred avait été arrêté. Heureusement, elle put ensuite, comme elle l'écrit dans ses mémoires, aller

---

10. Alfred et Margarete Braun ont les entrées suivantes dans la base de données du Livre mémorial (pour les personnes ayant vécu « illégalement ») : Braun, Alfred (né le 9 septembre 1907), porté disparu, a vécu dans l'illégalité à partir du 1er septembre 1942 ; Braun, Margarete (née Friedmann le 23 janvier 1893), portée disparue, a probablement vécu dans l'illégalité.
11. Archives du land de Brandebourg à Potsdam (Brandenburgisches Landeshauptarchiv Potsdam, BLHA), Rép 36 A II, n° 4337, Braun, Alfred ; n° 4313, Braun, Margarete. Le dossier d'Alfred Braun donne pour sa femme une année de naissance différente de celle du Livre mémorial : 1903.

habiter chez la famille Most grâce à l'entremise d'Herbert Grünbaum, qui avait également trouvé refuge chez les Brüsehaber.

Margarete Braun fut déportée à Auschwitz environ deux semaines après son arrestation, le 5 mai 1943[12]; son mari à la fin du mois d'octobre[13]. Cela ne signifie toutefois pas nécessairement qu'il ait été arrêté plus tard que son épouse, car la Gestapo gardait souvent plus longtemps dans les camps de transit les prisonniers de sexe masculin qui s'étaient cachés afin de les interroger obstinément et d'obtenir des informations sur d'autres personnes cachées et ceux qui les aidaient. Après ces événements, Hanni Weissenberg se tint à l'écart des Brüsehaber pour ne pas les mettre en danger.

Au cours de l'été 1943, un autre événement grave survint dans la famille que leur protégée ne pouvait pas connaître: Elsbeth Brüsehaber reçut de la police judiciaire une lettre lourde de conséquences, datée du 26 juillet, l'informant qu'une plainte avait été déposée contre elle ce même jour. Elle était accusée par son employée de bureau, Ursula B., de Charlottenburg, âgée de 17 ans, de lui avoir volé au bureau, dans son sac à main, «une carte de vêtements du Reich pour les femmes» et «une carte de vêtements supplémentaire pour les jeunes gens».

---

12. Livre mémorial de Berlin: Braun, Margarete, née Friedmann le 23 janvier 1893 à Ujest (Silésie); Schöneberg, Vorbergstr. 15; 38e convoi du 17 mai 1943, Auschwitz; lieu de décès: Auschwitz; portée disparue. Que la Nachodstrasse ne soit pas indiquée ici comme lieu de résidence, comme dans le dossier de déclaration de patrimoine, est probablement dû au fait que Margarete Braun ne vécut là avec son mari que les deux dernières semaines précédant leur entrée dans la clandestinité.
13. Livre mémorial de Berlin: Braun, Alfred, né le 9 septembre 1907 à Berlin; Wilmersdorf, Nachodstr. 28; 45e convoi du 29 octobre 1943, Auschwitz; lieu de décès: Auschwitz; porté disparu.

Elle datait le fait du mois de mars. Pendant l'interrogatoire de police, Elsbeth Brüsehaber nia énergiquement avoir volé les cartes. Cependant, celles-ci furent retrouvées lors d'une perquisition au cours de laquelle l'accusée dut ouvrir le coffre-fort du bureau. Après enquête, on conclut qu'elle avait effacé le nom de l'employée et inscrit le sien avec la date de naissance fictive du 13 avril 1927. En septembre 1943, l'affaire fut jugée par le tribunal de district de Moabit. Dans l'acte d'accusation du 3 septembre, il est écrit qu'Elsbeth Brüsehaber aurait volé les cartes de vêtements «dans l'intention d'obtenir un avantage financier» et inscrit son nom sur celles-ci dans «une intention délictueuse» (divers rapports graphologiques et les cartes de vêtements elles-mêmes figurent dans le dossier). Devant le tribunal, l'accusée resta constante dans ses déclarations: elle ne savait pas comment elle était entrée en possession de ces cartes. Selon le jugement du tribunal de district de Moabit, «l'accusée [fut] condamnée pour vol et falsification de documents à neuf mois d'emprisonnement et à la perte de ses droits civils et civiques pendant trois ans».

À la lecture du dossier, on est frappé par l'engagement avec lequel Elsbeth Brüsehaber fut défendue par son avocat, le Dr Walter Menzel[14], qui critiqua avec des formules courageuses le traitement humiliant de sa mandante par le tribunal et fit appel du verdict. L'appel fut certes rejeté, mais Menzel put ainsi gagner du temps. Le défenseur argumenta ainsi: «On ne peut trouver aucun mobile, car

---

14. L'avocat Walter Menzel (1901-1963) appartenait du temps de la république de Weimar au *Reichsbanner Schwarz-Rot-Gold* et à l'Union des juristes socialistes. En 1933, à l'âge de 30 ans, il fut renvoyé de la fonction publique pour des raisons politiques. En 1934, il fut admis comme avocat à Berlin. Il défendit des persécutés et des personnes actives dans la Résistance. Après la guerre, il devint politicien au SPD, fut membre du Conseil parlementaire et fit ainsi partie des «pères» de la Loi fondamentale de la RFA de 1949.

aucune intention d'enrichissement ne peut être prouvée.» L'accusée n'était pas en mesure de dire comment la carte de vêtements était arrivée en sa possession. Il fit également observer que seuls quelques points de la carte avaient été utilisés. Il souligna de surcroît que l'accusatrice avait déclaré dans sa déposition avoir été indemnisée par Elsbeth Brüsehaber au moyen d'autres objets.

Quelles conclusions pouvons-nous tirer de cela aujourd'hui? Il semble que les cartes de vêtements de l'employée se soient effectivement trouvées en possession d'Elsbeth Brüsehaber, quelle qu'ait pu être la façon dont elles y sont arrivées. On peut parfaitement suivre l'avocat lorsqu'il insiste pour sa défense sur le fait qu'il manque un motif réel. «L'intention d'enrichissement» semble effectivement invraisemblable dans ce cas. Une question s'impose: l'audacieuse bienfaitrice n'aurait-elle pas utilisé ou voulu utiliser les cartes pour les deux femmes qu'elle cachait? La date du «délit», mars 1943, parlerait pour cette hypothèse. Peut-être avait-elle passé un accord avec la jeune employée. Il est frappant de constater que la plainte a été déposée en juillet 1943, apparemment le jour où Elsbeth Brüsehaber avait dû renvoyer la jeune femme, ce qui lui donne l'apparence d'un acte de vengeance. Cependant, ces considérations ne peuvent rester que des spéculations puisque aucune déclaration à ce sujet ne nous est parvenue, ni d'Elsbeth Brüsehaber, ni de son mari Günther, ni d'aucune autre personne.

Menzel déposa plusieurs demandes de libération conditionnelle. Début 1944, il argua que la base économique de toute la famille, avec quatre enfants, s'effondrerait avec la détention d'Elsbeth Brüsehaber, car elle dirigeait en grande partie seule le cabinet de conseil fiscal de son mari, qui lui-même allait bientôt subir à la Wehrmacht une opération de l'œil. La famille deviendrait alors une charge pour l'État. En date du 6 septembre 1944, le dossier contient en effet une déclaration du caporal Günther Brüsehaber, qui affirme sous serment qu'il souffre d'un glaucome. Il devait passer beaucoup de temps à l'hôpital et ne pouvait donc pas s'occuper de son cabinet. Menzel avait apparemment réussi à plusieurs reprises à obtenir des libérations conditionnelles. Quelques jours plus tard, l'avocat envoya à la direction du NSDAP de Berlin une demande de grâce pour sa mandante, qui fut rejetée avec mépris. Le 21 septembre 1944, le procureur général du tribunal du district émit même un mandat d'arrêt : « Il est demandé d'arrêter la Brüsehaber et de la placer à la prison pour femmes de Bützow-Dreibergen/Mecklenburg. » Dans un document d'octobre 1944 (sans jour précisé), le procureur général se réfère à une requête du 5 octobre et énonce : « La nouvelle présentation des faits ne me donne aujourd'hui encore aucune raison d'accorder à la condamnée un autre sursis. Signé : baron Roeder von Diersburg. »

Apparemment, Elsbeth Brüsehaber resta en prison un certain temps, car le centre de détention provisoire pour femmes de Moabit informe le procureur, dans une lettre du 13 octobre 1944, que la condamnée entame une permission et qu'elle doit « se présenter le 24 novembre à 18 heures pour poursuivre l'exécution de [sa] peine ». Le 14 novembre, Menzel demanda une « prolongation de derrière minute du congé pénitentiaire » de Mme Brüsehaber en raison de la maladie de son mari, qui se trouvait à l'hôpital militaire n° 101 de Berlin-Westend. La demande fut apparemment acceptée. Mais, le 28 décembre, le centre de détention provisoire, dépendant du tribunal pénal Alt-Moabit/Frauenhaus, informa le procureur qu'«Elsbeth Maria Brüsehaber, née Klein [...], n'[était] pas revenue de son congé pénitentiaire, qui avait pris fin le 24 décembre 1944».

Dans une dernière requête du 15 janvier 1945 adressée au tribunal d'instance/ministère public, Menzel demanda «de suspendre pour six mois l'exécution de la peine». L'avocat fit valoir cet argument: «C'est l'épouse qui a assuré l'existence de la famille (quatre enfants d'âge scolaire) au cours des dernières années grâce à son travail au bureau. Elle seule peut mettre l'époux au courant des opérations effectuées au bureau et elle doit lui lire la plupart des documents parce que l'époux, en raison de sa maladie oculaire grave, risque de devenir complètement aveugle.» Elsbeth Brüsehaber avait apparemment pu passer régulièrement un peu de temps à la maison, mais toujours avec une épée de Damoclès au-dessus de sa tête: celle d'être à tout moment renvoyée en prison pour purger sa peine.

Dans un rapport sur Elsbeth Brüsehaber émis par la police criminelle pour femmes le 1er avril 1945, on apprend qu'elle eut un enfant prématuré en février 1944. Le bébé, né à sept mois de grossesse, aurait été placé en couveuse mais serait mort au bout de cinq semaines. Les filles de M. Brüsehaber auraient été évacuées de Berlin en août 1944, tandis que la belle-mère, âgée de 78 ans, serait restée dans le foyer. Elsbeth Brüsehaber aurait dirigé sans aide le bureau de son mari pendant que celui-ci était dans la Wehrmacht. Le texte ne montre aucune compassion pour la condamnée et souligne au contraire que sa santé serait suffisamment bonne pour qu'elle continue à purger sa peine. Elle-même aurait attribué sa «fausse couche» au seul fait qu'elle avait participé à la lutte contre un incendie après un raid aérien en janvier 1944. Ces mots pleins de sécheresse laissent soupçonner la dure période qu'Elsbeth Brüsehaber dut traverser au cours des deux dernières années de guerre.

Les rapports de la police criminelle contiennent les dernières informations disponibles relatives à son sort, puisqu'elle n'est mentionnée dans aucun des deux dossiers d'après-guerre de son mari. La plupart des témoins à décharge, juifs et non juifs, que Günther Brüsehaber fit venir afin de confirmer son aide aux Juifs n'y associent pas sa femme. L'une des deux exceptions est l'attestation d'Erik Myrgren, pasteur de la communauté victorienne suédoise à Wilmersdorf, dont voici le texte original, en anglais : « *During the last years Mr. and Mrs. Brüsehaber have been continually in connection with us. In taking more than once the greatest risks they hid their Jewish friends in their house and helped them as much as they could. We can from our own experience recommend Mr. and Mrs. Brüsehaber as an excellent help to the Allied Authorities in view of the non-Aryans and all those whose rights were touched by the NS government. In the following the dates of Mr. Brüsehaber and his family[15].* »
À la suite de ce texte, Myrgren cite tous les membres de la famille en indiquant leur date de naissance : Günther et Elsbeth Brüsehaber, née Klein, les quatre filles et Bertha Brüsehaber, née Nathow. Le tampon au bas de la lettre indique : « Paroisse suédoise Berlin-Wilmersdorf/Légation royale de Suède/Pasteur de la communauté Victoria. »

---

15. « Durant ces dernières années, M. et Mme Brüsehaber ont été constamment en relation avec nous. Plus d'une fois, ils ont pris les plus grands risques en cachant des amis juifs dans leur maison et en les aidant autant qu'ils le pouvaient. De par notre expérience, nous pouvons nous porter garants du fait que M. et Mme Brüsehaber ont fortement contribué aux actions de l'Alliance d'aide aux non-Aryens et à tous ceux qui ont été victimes de l'administration nationale-socialiste. Voici les dates de naissance des membres de la famille Brüsehaber. » [NDE]

Le courrier est daté du 25 avril 1945, c'est-à-dire avant la fin officielle de la guerre[16].

La deuxième exception est une déclaration de Wilhelm Neimann du 4 mai 1945, qui certifie que Günther Brüsehaber était pour lui, «depuis de nombreuses années, un ami fidèle qui, par son attitude absolument antinazie et sans égard pour le danger qui en résultait pour lui [...], nous a soutenus et protégés avec tous les moyens dont il disposait». Et il ajoute: «Ce fait, que j'affirme ici sous serment comme vrai, est encore souligné par le fait que la mère et l'épouse de M. Brüsehaber se sont également toujours montrées serviables et bienveillantes avec nous[17].»

Günther Brüsehaber écrit lui-même dans sa déclaration biographique du 10 octobre 1946: «Jusqu'en 1944, je dus supporter quatre perquisitions par la Gestapo et j'ai tout de même, jusqu'à la fin de la guerre, gardé cachées de la Gestapo (dans mon appartement) des personnes juives. De plus, j'ai aidé l'Église de Suède à protéger d'autres personnes poursuivies par la Gestapo contre les sbires de la SS.» Les «perquisitions domiciliaires» évoquent probablement celles qui eurent lieu en relation avec les cartes de vêtements «volées» par Elsbeth. Walter Menzel, qui déclara connaître Günther Brüsehaber depuis 1935 à peu près, attesta également après la guerre que celui-ci aurait été «adversaire des nazis par conviction intime». Menzel ne mentionna pas le fait qu'il

---

16. Erik Myrgren était, dans les derniers mois de la guerre, pasteur de la communauté suédoise Victoria dans la Landhausstrasse à Wilmersdorf. Il avait succédé au pasteur Erik Perwe, qui était mort dans un accident d'avion à la fin de 1944. Les deux ecclésiastiques protégèrent beaucoup de Juifs persécutés et furent honorés par le mémorial israélien Yad Vashem à Jérusalem comme «Justes parmi les nations».

17. Apparemment afin de souligner qu'il était un témoin juif, il signa ainsi sa déclaration en 1946: «Dr. phil. Wilhelm Israel Neimann, Schöneberg, Stübbestr. 3.

représentait sa femme devant le tribunal au cours des deux dernières années de la guerre. Elsbeth Brüsehaber, par ailleurs, n'apparaît pas dans le procès de dénazification de son époux et n'est pas mentionnée par ce dernier. Anna Proske, l'épouse dont il divorça en 1938, déposa en faveur son ex-mari : « Je peux témoigner qu'il n'a jamais été membre du parti et qu'il a rarement porté l'uniforme du NSKK. J'ai fait sortir à sa demande notre enfant du camp KLV[18] et je ne l'ai pas envoyée au BDM[19]. Il nous avait interdit, à ma famille et à moi-même, de voter pour Hitler dès avant 1933. »

Herbert Grünbaum dit lui aussi avoir bien connu Elsbeth Brüsehaber, comme nous le savons grâce à Hanni Lévy. Il certifia que Günther Brüsehaber, qu'il avait connu en 1932 par son beau-frère, resta toujours pour lui « un ami fidèle qui m'a soutenu en raison de ses convictions absolument antinazies avec tous les moyens dont il disposait et sans égard pour le danger, et m'a même caché dans son appartement pendant des années[20] ». Il confirma également que Brüsehaber aurait hébergé dans l'appartement un couple juif « qui a malheureusement été pris par une patrouille de la Gestapo dans la rue ». Il ne mentionna pas, même d'un seul mot, Elsbeth Brüsehaber. Ernst Loschinski[21],

---

18. Abréviation de *Kinderlandverschickung* (« Envoi des enfants à la campagne ») : à partir d'octobre 1940, des écoliers et des mères de jeunes enfants de villes allemandes menacées par la guerre aérienne furent déplacés sur le long terme dans des zones moins menacées.
19. Abréviation de *Bund Deutscher Mädel* (« Ligue des jeunes filles allemandes »), pendant féminin des Jeunesses hitlériennes.
20. Dans son dossier d'indemnisation, Herbert Grünbaum donne les noms de plusieurs personnes l'ayant aidé, sans mentionner Brüsehaber. Il ne nomme pas non plus Arthur et Gerd Most. Voir note 63, page 95.
21. Base de données du Livre mémorial : Loschinski, Ernst, né le 13 janvier 1903, a survécu illégalement et a vécu à Wilmersdorf après la Libération. Selon le dossier d'indemnisation, la personne qui l'aida principalement était sa future épouse, non juive.

qui s'était également caché, déclara que Brüsehaber, qu'il connut en 1943, l'avait aidé, ajoutant ce détail : Herbert Grünbaum était entré en possession d'un passeport de l'Église suédoise que Brüsehaber s'était procuré.

Si Günther Brüsehaber, étonnamment, ne cita pas sa seconde femme comme témoin dans son procès en dénazification, ni ne mentionna son nom ou même son aide dans les actes de résistance, c'est peut-être parce qu'il estimait que le casier judiciaire de celle-ci aurait pu le desservir. Les condamnations «ordinaires» de l'époque nationale-socialiste ne furent nullement suspendues après-guerre, et les personnes qui avaient violé des lois dans le but manifeste d'aider des Juifs durent souvent, elles aussi, lutter pendant des années pour voir leur jugement annulé.

Sur le destin de Günther Brüsehaber après guerre, on sait que son agrément en tant que «conseiller en matière fiscale» lui fut retiré le 28 juillet 1945 par le centre des impôts dont il dépendait à cause de son appartenance au NSKK. Brüsehaber attaqua le magistrat et tenta de faire accélérer sa procédure de dénazification. Après avoir été complètement innocenté en décembre 1946, il demanda une licence commerciale pour l'exploitation d'une boutique de lingerie qu'il avait d'ailleurs déjà créée. Hanni Lévy se rappelle qu'après la guerre Brüsehaber lui avait confié des travaux de couture à faire chez elle, qu'elle avait exécutés avec Viktoria Kolzer et Anna Proske. Inexpérimentée comme elle l'était, elle ne se serait pas montrée très habile dans ce travail manuel, comme elle le remarque avec ironie. En 1952, Brüsehaber se maria une troisième fois et continua à vivre au 20 de la Nassauische Strasse. Les documents ne permettent pas de savoir s'il était veuf ou si le mariage avec Elsbeth avait été rompu. En 1955, il fonda une entreprise de commerce textile et de représentation commerciale de fabriques de tissu. Il mourut le 2 octobre 1962 à Berlin, à 57 ans. Les tentatives pour retrouver au moins l'une de ses filles sont restées infructueuses. Il est particulièrement triste et insatisfaisant que rien n'ait pu encore être trouvé concernant le sort après la guerre de l'«héroïne silencieuse» Elsbeth Brüsehaber.

VIKTORIA, JEAN ET OSKAR KOLZER, UNE FAMILLE NON CONVENTIONNELLE
Par Oranna Dimmig

Oranna Dimmig est historienne de l'art. Elle habite l'immeuble dans lequel Hanni Lévy a longtemps été cachée par la famille Kolzer.

Par un après-midi gris à Berlin, en janvier 2002, mon voisin Nikolaus Ritter me parla soudain, autour d'une tasse de thé, du sauvetage miraculeux d'Hanni Lévy par la famille Kolzer. Il avait lu son récit dans le livre *Orte des Erinnerns* («Lieux de mémoire»)[1] et était encore tout empli de sa lecture. Il se demandait dans quel appartement de notre maison, au 28 de la Nollendorfstrasse, elle s'était cachée, car cela ne ressortait pas clairement de sa contribution à l'ouvrage. Je trouvai moi aussi cette question passionnante et nous nous penchâmes donc sur d'anciens plans du bâtiment, sans toutefois pouvoir résoudre l'énigme. Ma curiosité était éveillée. Je voulais en savoir plus sur Mme Lévy et surtout sur les Kolzer, ses sauveteurs et anciens habitants de «ma» maison. Mais quelques années passèrent avant que je puisse faire la connaissance d'Hanni Lévy, née Weissenberg, et de Renate Schrader, née Kolzer, et les questionner. En plus des informations orales concernant Viktoria, Jean et Oskar Kolzer, qui contrairement à Hanni Lévy ne peuvent plus raconter leur histoire, je fis des recherches en bibliothèque et sur

---

1. Hanni Lévy, «Sie haben mir das Leben ein zweites Mal gegeben. Rückblick in die Zeit im Untergrund in Berlin zwischen 1940 und 1945» («Ils m'ont donné la vie une seconde fois. Retour sur l'époque de la clandestinité à Berlin entre 1940 et 1945»), in *Orte des Erinnerns*, vol. 2, *Kunstamt Schöneberg*, Berlin, 1995, p. 61-69.

Internet. J'y trouvai d'autres informations fascinantes, en particulier sur Jean Kolzer et sa famille d'origine, liée à la vie du cirque. Enfin, la consultation des archives de la famille Kolzer, pour laquelle je remercie chaleureusement Renate Schrader et Gisela Kolzer, permit d'exhumer des sources écrites concernant les trois membres de la famille. Parmi les documents privés, il y avait des extraits de registres paroissiaux et d'état civil, une seule lettre malheureusement, mais différents certificats, attestations et lettres de recommandation, et également une annonce découpée dans un journal, un menu de restaurant très instructif et bien sûr des photographies couvrant une période d'environ soixante ans. Cela suffisait pour se faire une idée de qui étaient les sauveteurs d'Hanni Lévy, les « héros silencieux » Jean, Viktoria et Oskar Kolzer.

Jean et Viktoria Kolzer formaient un couple très peu conventionnel. Tous deux étaient minces, visiblement gais, pleins d'humour et originaux. Ils ne correspondaient guère à l'image nationale-socialiste de l'homme et de la famille, et gardèrent leurs distances avec le régime. Il existe une photographie remarquable datée de 1939, septième année de la dictature nazie. À l'occasion de la confirmation d'Oskar, Viktoria et Jean se firent photographier avec leur fils et leurs proches, probablement des parents et des amis. La photo de groupe, mise en scène, a été prise devant un immeuble à Berlin. On reconnaît en arrière-fond une laverie chimique avec teinturerie ; des drapeaux à croix gammée pendent çà et là sur la façade. Les Kolzer se présentent comme une famille endimanchée ; aucun des membres du groupe ne porte d'uniforme ni d'insigne politique. Au lieu de cela, le confirmand, que ses fiers parents ont placé au milieu, arbore au revers de

Oskar Kolzer en confirmand entre ses parents, à Berlin, en 1939.
Photo : Collection privée Renate Schrader

son habit son petit bouquet de confirmation. Les Kolzer ne s'étaient pas «lavés» de leurs croyances chrétiennes fondamentales et ne s'étaient pas «teints» en brun. Ils avaient conservé leur orientation humanitaire.

Quand ils accueillirent chez eux Hanni Weissenberg en novembre 1943, Viktoria avait 41 ans et son mari en avait déjà 79. Hanni se le rappelle comme un vieil homme malade, juste un peu plus jeune que sa propre grand-mère. Jean Kolzer avait derrière lui un long parcours de vie marqué par des hauts et des bas ainsi que de nombreux changements de lieu et de profession. Johann Josef Kolzer naquit le 21 juillet 1864 à Oberstaufen, dans l'Allgäu ; il était le fils de l'artiste Oskar Kolzer (1838-1877) et de sa femme, Helene, née Kappenmacher (1838-1903). On l'appelait Jean. Comme ses parents, ses deux frères et ses quatre sœurs, Jean était catholique. Sa mère était la fille d'artistes juifs de Rödelheim, près de Francfort-sur-le-Main; elle se convertit ensuite à la religion catholique. Sa famille paternelle comptait des artistes ainsi que des peintres sur porcelaine. Le petit Jean reçut dans son berceau de nombreux talents dont il fit un riche usage dans la vie.

Les Kolzer exploitaient un cirque ambulant. Après la mort prématurée de son mari, Helene prit la direction de l'entreprise familiale avec Jean, son fils aîné. Apparemment, ils continuèrent à diriger le cirque avec succès. Le programme était constitué principalement de numéros équestres, d'acrobaties et de danse. Dans la deuxième édition (1895) du *Dictionnaire des artistes*, Jean Kolzer est répertorié comme «jockey, cavalier sans selle et équilibriste». À l'occasion d'un séjour de plusieurs semaines, au printemps 1890, du cirque Kolzer dans la ville de Thorn (Torun), en Prusse-Occidentale, on trouve une critique vivante du spectacle dans la presse locale: «Le cirque Kolzer conserve sa force d'attraction et jouit dans la profession de la plus favorable réputation. Le cirque est l'un des meilleurs qui se soient produits ici depuis des années. Il se caractérise par un excellent matériau équestre, un bon décor, de jolis costumes et, *last but not least*, par l'aspect attrayant de jeunes et fraîches artistes. Parmi les chevaux dressés en liberté, nous citerons les deux gris tisonnés arabes Hassan et Harras, menés par le directeur. Mlle Elise Kolzer, qui présenta avec grâce et habileté son numéro à cheval en grotesque[2], a malheureusement eu hier un accident qui, semble-t-il, sera sans conséquence pour la populaire artiste. [...] Parmi messieurs les cavaliers, M. Rudolph et le petit Adolf Kolzer se sont distingués. Le premier a exécuté l'audacieux *salto mortale* sur

---

2. Terme vieilli pour désigner un numéro de clown [NDE].

Le cirque Kolzer en Suède.
Archive Oranna Dimmig

le cheval avec une telle sûreté qu'il fut récompensé par des applaudissements nourris. Le second, déjà un excellent cavalier, ne laissa pas quelques petits incidents le dissuader de mener habilement son numéro à son terme. Le petit artiste est à son aise sur toutes les selles et il est sans doute celui qui fut le plus mis à contribution hier avec, outre le saut d'obstacles, le double trapèze et un numéro de boxe pour rire. Sa persévérance fut récompensée par une fanfare entonnée par le public. Les danses nationales, particulièrement soignées par la compagnie Kolzer, offrirent un spectacle esthétique. Ici s'unissent la grâce des danseuses et celle des mouvements. La *krakowiak*, dansée hier par Mlle Paula Kolzer et M. le directeur Kolzer, a beaucoup plu à ces deux égards. Ces danses sont, à côté du dressage des chevaux, une des attractions majeures du cirque Kolzer[3]. »

Ce petit Adolf Kolzer que le critique de Thorn avait particulièrement distingué perdit la vie trois ans plus tard, à l'âge de 15 ans, dans un terrible accident. Il fut enterré

---

3. *Thorner Presse*, 31 mai 1890.

Annonce du cirque Kolzer dans la *Thorner Presse* du 17 mai 1890.
Collection privée Renate Schrader

dans le vieux cimetière de Mülheim an der Ruhr. Sa majestueuse tombe, aujourd'hui classée monument historique ainsi que tout le cimetière, témoigne de l'amour de sa famille et de la prospérité dont jouissait alors le cirque itinérant Kolzer, qui dut laisser là son plus jeune membre pour poursuivre sa route[4]. L'autre frère atteignit un âge avancé pour l'époque, tout comme Jean. Heinrich Kolzer (1874-1955), qui travaillait également avec les chevaux, devint un brillant directeur de cirque[5]. À partir de 1925, il dirigea avec sa compagne, Dora Miehe Pfaenner, le cirque traditionnel danois Miehe, bien connu à l'époque, qui accueillit même la famille royale du Danemark[6]. Le cirque Kolzer, sous la direction de Jean Kolzer, connut probablement son apogée en Suède au milieu des années 1890 : vers 1894-1896, il exploitait une salle permanente à Stockholm avec cent personnes et quarante chevaux. Le cirque ambulant était devenu sédentaire, mais seulement temporairement. Renate Schrader se rappelle les récits de sa grand-mère Viktoria, selon laquelle le cirque Kolzer avait «péri» en Suède. On ignore ce qui conduisit le cirque suédois à sa perte.

De retour en Allemagne, Jean Kolzer continua au sein d'une nouvelle compagnie et – dit-on – sous un élégant chapiteau. Mais, peu de temps après, il dut finalement abandonner pour cause de conditions climatiques défavorables, de maladie et de mauvaise gestion de son adjoint[7]. Après la dissolution de son propre cirque,

---

4. Bärbel Essers, *Der Altstadtfriedhof. Ein Spaziergang durch die Mülheimer Stadtgeschichte* («Le Cimetière de la vieille ville. Une promenade dans l'histoire de la ville de Mülheim»), Erfurt, 2014, p. 116.
5. *The Billboard*, 21 mai 1955, p. 85.
6. Les photos sont disponibles sur le portail www.europeana.eu.
7. *Thorner Presse*, 1er mars, 6 et 17 avril, 1er juin 1898.

Jean Kolzer, vers 1911.
Photo : collection privée Renate Schrader

il fut actif dans d'autres compagnies, par exemple celle d'Otto Schuman, qui avait fait ses débuts comme écuyer dans la troupe des Kolzer[8]. On se connaissait, on s'entraidait. Lors d'une représentation du cirque Schuman à Bruxelles, une plainte fut déposée contre Jean Kolzer pour travail d'enfant car il avait fait monter son fils de 10 ans sur le trapèze[9]. Ce jeune garçon était probablement issu du mariage de Kolzer avec Helene Althoff,

---

8. *Haarlems Dagblad*, 28 octobre 1960.
9. Sarah Keymeulen, *In den ban van de ring. Beeld en betekenis van het circus in de burgerlijke samenleving* (ca. 1850-1950), Eindverhandeling voorgelegd tot het behalne van de graad van Licentiaat in de Geschiedenis, Universiteit Gent, Faculteit Letteren & Wijsbegeerte, Vakgroep Nieuwste Geschiedenis, Academiejaar («Sous le charme du chapiteau. Image et signification du cirque dans la société civile (v. 1850-1950)», Mémoire de licence en histoire, Faculté des arts et de philosophie du département d'histoire moderne de l'Université de Gand), 2003-2004, p. 75 et note 156.

laquelle faisait vraisemblablement partie de la famille de cirque Althoff. On ne sait rien de plus au sujet de cette union et de la paternité de Jean Kolzer. À cette époque et au cours des années suivantes, il travailla aussi comme gérant ou comme gestionnaire de restaurants.

Après le tournant du siècle, Jean Kolzer s'installa à Berlin, où sa mère avait emménagé. Celle-ci mourut en 1903 à Schöneberg, dans la Belziger Strasse, et trouva sa dernière demeure au cimetière de la paroisse catholique Saint-Matthias. Grâce aux annuaires, on peut suivre les étapes de la vie de Jean Kolzer à Berlin entre 1904 et 1918 : d'abord « membre », puis « maître d'écurie » et, en 1911, « directeur » du cirque Busch, avec un appartement dans la Meineckestrasse, près du Kurfürstendamm. Le cirque Busch était alors la plus grande compagnie circassienne allemande. Tandis que des structures de taille plus modeste, comme le cirque Kolzer, avaient dû abandonner, lui s'était développé et avait peu à peu installé des salles permanentes dans les grandes villes. Kolzer travaillait pour celle de Berlin, une coquette rotonde sur les rives de la Spree, à Mitte. Des spectacles somptueux, auxquels pouvaient participer jusqu'à huit cents personnes et animaux, attiraient les visiteurs dans ce palais du cirque de 4 300 places assises[10].

Les sources ne permettent pas d'établir combien de temps Kolzer travailla chez Busch. Pendant la dernière année de la guerre, il apparaît comme directeur du café Nürnberg, sur la Nürnberger Platz, à Wilmersdorf. Son âge rend peu vraisemblable une participation au conflit, car il était déjà dans sa cinquantième année au début de la Première Guerre mondiale.

---

10. Voir de.wikipedia.org/wiki/ Circus_Busch-Roland.

Un menu du café-restaurant U.T.-Diele à Dantzig (Gdansk), dont Jean Kolzer est le propriétaire. Collection privée Renate Schrader

En 1911, la maison d'édition berlinoise C. Freund publia un livre de Jean Kolzer intitulé *Cocotten im Sattel. Geschichten aus dem Zirkusleben* («Cocottes en selle. Histoires de la vie de cirque»)[11]. Ces récits avaient comme titres, entre autres, «Une nuit de noces», «Le Sauveur» et «Déraillé». De ce substrat littéraire, et peut-être aussi d'un autre texte de Kolzer, fut tiré le scénario d'un film muet dont la première eut lieu en janvier 1919 au cinéma berlinois Marmorhaus : *Um Krone und Peitsche – Der Todessprung* («Pour la couronne et le fouet. Le saut de la mort»). Fern Andra, une actrice alors très populaire qui possédait sa propre société de production, tenait le rôle principal et se fit conseiller par Jean Kolzer pendant le

---

11. Le WorldCat mentionne un exemplaire du livre à la bibliothèque Milner de l'université d'État de l'Illinois.

tournage. Un critique souligne que les images de cirque sont réelles et magnifiques[12]. On peut voir ce film muet en version intégrale avec des sous-titres néerlandais sur YouTube. Les séquences tournées dans le manège il y a cent ans nous donnent une idée de ce monde du cirque dans lequel Jean Kolzer fut longtemps chez lui et qu'il quitta vraisemblablement avant la Première Guerre mondiale.

Le film était alors le nouveau média. La cinématographie, qui s'était d'abord répandue, à partir de ses débuts, en 1895, grâce à des cinémas itinérants et des spectacles de variétés, s'était développée et arrivait dans de petits cinémas fixes et enfin dans des salles permanentes[13] qui proposaient souvent aussi de la restauration gastronomique. L'une des plus grandes entreprises cinématographiques était l'UFA (Universum Film AG), fondée en 1917. Elle possédait des studios de production et ses propres salles. En 1919, l'UFA ouvrit ainsi le U.T.-Lichtspiele, que la publicité présentait comme le cinéma le plus grand et plus le chic de Dantzig (Gdansk). La salle était installée dans un bâtiment transformé à cette fin, la Tattersall[14], ancien manège équestre construit à la fin du XIXe siècle et raccordé à l'ancien couvent des carmélites[15]. La U.T.-Filmdiele,

---

12. « *Um Krone und Peitsche. Fern Andra-Premiere im Marmorhaus* » (« Pour la couronne et le fouet. Première de Fern Andra au Marmorhaus »), in *Die Filmwelt, illustrierte Kino-Revue, offizielles Organ des Reichsbundes der Kinofreunde Österreichs* (« Le monde du cinéma, revue illustrée, organe officiel de l'Union des amis du cinéma autrichien »), 1919, p. 21 ; voir aussi un court reportage sur le tournage in *Neue Kino-Rundschau* (« Nouvelle revue du cinéma »), n° 95, 28 décembre 1918, p. 53.
13. Voir Holger Klein-Wiele, *Kinoarchitektur der fünfziger Jahre im Ruhrgebiet* (« Architecture cinématographique des années 1950 dans la Ruhr »), Berlin, 2006, p. 23 (l'ouvrage contient des références complémentaires).
14. Une *« Tattersall »* héberge et soigne des chevaux, mais aussi en loue et en vend.
15. D'après Josef Nikodem Pawlowski, *Populäre Geschichte Danzig, « Festschrift zur Eröffnung der U.T.-Lichtspiele »* (« Histoire populaire de Dantzig, "brochure pour l'ouverture du cinéma U.T.-Litchspiele" »), Dantzig, 1919.

un café-restaurant pittoresque situé dans les anciennes voûtes du monastère, était rattachée au cinéma. Le menu conservé dans les archives familiales annonce un thé de 5 heures quotidien avec un concert donné par des artistes et vante la beauté du «bistrot du cloître». On y mentionne le nom du propriétaire : Jean Kolzer.

C'est à Dantzig que Jean et Viktoria se rencontrèrent. Viktoria Hartmann, née le 24 février 1902 dans le quartier de Langfuhr (Wrzeszcz en polonais), était la fille d'Oskar Hartmann (1863-1925) et de son épouse, Emilie Maria, veuve Unger, née Serotzki en 1868. La mère de Viktoria était d'origine polonaise catholique et son père était un protestant de Marienburg, en Prusse-Occidentale, qui descendait probablement de huguenots par sa mère (née Dumont). Il avait d'abord fait vivre sa famille en travaillant comme commis d'entreprise, puis comme clerc des finances municipales. Une famille bourgeoise. Les parents firent baptiser Viktoria selon le rite protestant. Elle avait deux sœurs, dont l'une partit vivre à Stolp, l'autre à Potsdam. On ne sait rien de précis concernant l'enfance et la jeunesse des trois sœurs Hartmann. Hanni Lévy et Renate Schrader décrivent Viktoria comme une personne particulièrement chaleureuse.

La rencontre entre Jean Kolzer et Viktoria Hartmann semble avoir été un coup de foudre. La légende familiale veut que le père de Viktoria, qui n'avait que quelques mois de plus que son futur gendre, ait désapprouvé le choix de sa fille. On ne sait pas si c'est en raison d'une brouille avec Hartmann père ou pour une autre raison que le couple quitta Dantzig vers 1923. Jean et Viktoria s'installèrent dans le quartier berlinois de Schöneberg, au 15 de la Eisenacher Strasse, à l'angle de la Winterfeldtstrasse, dans

Viktoria Kolzer vers 1938.
Photo : collection privée Renate Schrader

un appartement avec téléphone. Les annuaires répertorient d'abord Jean Kolzer comme commerçant. À partir de 1929, sa raison sociale au répertoire des entreprises entre dans la rubrique «Consultants en publicité et agences de publicité», et plus tard «Modèles de rédaction, atelier de publicité». Enfin, on trouve dans les annuaires, et déjà à l'adresse Nollendorfstrasse 28, «Calligraphe».

Avec ce nouveau changement de profession, Jean Kolzer resta en quelque sorte fidèle à ses métiers antérieurs : la publicité et les panneaux d'affichage font partie, encore aujourd'hui, des moyens indispensables à la promotion du cirque, du cinéma et de la restauration. Sur une photo issue des archives familiales, le couple pose devant le cinéma Edda-Lichtspiele, dans la Schöneberger Hauptstrasse. On peut supposer que les calligraphies des affiches du cinéma proviennent de l'atelier Kolzer. Il est

**Viktoria et Jean Kolzer devant le cinéma Edda-Lichtspiele, vers 1940.
Photo : collection privée Renate Schrader**

aussi possible que les titres de films annoncés, *Le Bon Vivant incompris* et *L'École de l'amour*, aient fourni l'occasion de la prise de vue et doivent être compris comme une allusion à leur propre histoire.

Le 7 janvier 1925 naquit à Schöneberg le fils de Viktoria et Jean Kolzer, à qui ses parents donnèrent le prénom commun à ses deux grands-pères : Oskar. Le grand-père de Dantzig, Oskar Hartmann, mourut quelques jours après la naissance de son petit-fils. Le lien entre Viktoria Kolzer et sa mère resta vivant, comme en témoigne une lettre affectueuse de 1944 adressée par la seconde à la première. Oskar était un enfant très aimé de ses parents, retiendra Renate Schrader des récits de sa grand-mère

Le couple Kolzer devant le vignoble en terrasse
du palais de Sanssouci, vers 1941.
Photo : collection privée Renate Schrader

Viktoria. Les Kolzer décidèrent de lui donner une éducation chrétienne et le firent baptiser, peu après son sixième anniversaire, à l'église protestante des Douze-Apôtres, à Schöneberg. Il fréquenta l'école primaire du quartier. Selon les catégories des lois raciales nazies de Nuremberg de 1935, Jean Kolzer – dont la mère, juive, s'était convertie à la religion catholique – était « métis au premier degré ». Il est difficile de déterminer si la famille fut touchée par les mesures discriminatoires, et si oui, à quel point. Il est frappant de voir que, dans l'annuaire de Berlin de 1934, le chef de famille n'est plus recensé sous son prénom usuel français, Jean (pour Johann), mais sous son deuxième prénom, Joseph, de sonorité catholique. Selon Renate Schrader, l'atelier de publicité perdit peu à peu sa clientèle juive.

Ce sont probablement des raisons économiques qui poussèrent les Kolzer à quitter l'Eisenacher Strasse en 1934 pour s'installer dans le petit appartement en rez-de-chaussée du 28 de la Nollendorfstrasse (sans téléphone). L'appartement avait été créé par la division de la grande boucherie située à droite de l'entrée de la cour et disposait d'une entrée séparée sur cour[16]. Avec ses 43 mètres carrés, c'est l'un des plus petits logements de notre immeuble, dans lequel se trouvent aussi des « appartements de maître » bien équipés de 280 mètres carrés. Les Kolzer s'installèrent donc dans ce petit appartement, qui est, dans un sens, le plus « public » de l'immeuble, car toute personne qui traverse la cour passe devant la porte. Dans la description d'Hanni Lévy, il est écrit qu'il consistait en une salle à manger et une minuscule chambre à coucher, dans laquelle deux lits se tenaient l'un derrière l'autre et où il n'y avait presque pas de place pour accéder à la fenêtre. Il y avait aussi une très petite cuisine et un petit W.-C. Les pièces partaient d'un étroit couloir qui suivait le mur coupe-feu. Après rénovation, l'appartement est devenu un confortable studio dans lequel rien ne rappelle l'ancienne étroitesse. Il y a toujours la vue sur le jardin d'agrément depuis la fenêtre ; la petite fontaine en tuf fonctionnait probablement lorsque la famille Kolzer s'est installée ici.

Oskar, qui n'était pas entré dans les Jeunesses hitlériennes, suivit à l'église des Douze-Apôtres la classe de confirmation du pasteur Adolf Kurtz, un opposant résolu au régime nazi. Cette église fut également surnommée « la synagogue de la Nollendorfplatz » en raison de la forte proportion de chrétiens « non aryens » qui la fréquentaient.

---

16. D'après les documents de construction du bâtiment de la Nollendorfstrasse 28.

Oskar dans le parc Sanssouci, près de la statue d'Hermès, vers 1934.
Photo : collection privée Renate Schrader

À propos de cet intrépide travail mené par le pasteur avec la jeunesse jusqu'en 1943, il fut écrit : « Le pasteur Kurtz s'engagea sans compromis pour ses confirmands, ce qui causa des conflits permanents avec les Jeunesses hitlériennes car il s'opposait à l'incorporation de ses groupes de jeunes dans les Jeunesses hitlériennes[17]. » Les Kolzer savaient éluder, sous des prétextes divers, les questions de leurs voisins à ce sujet.

À la fin de l'école primaire, en 1939, Oskar fit pendant trois ans un apprentissage de cuisinier dans les restaurants des halls d'exposition du zoo et de l'Ufa-Palast, où sa mère travailla elle-même plus tard. Le manuel d'apprentissage

---

17. Heinrich-Wilhelm Wörmann, *Widerstand in Schöneberg und Tempelhof* (« Résistance à Schöneberg et Tempelhof »), Berlin, 2002, p. 208.

permet de savoir comment le jeune homme apprit peu à peu les fondamentaux de la restauration gastronomique. Son père était désormais vieux et malade, et c'est sa mère qui assurait les revenus de la famille. Elle travailla comme caissière d'abord au cinéma Concordia, situé au 6 de la Bülowstrasse, non loin de la Nollendorfplatz. C'est là qu'eurent lieu les rencontres entre Oskar Kolzer, Hanni Weissenberg et Viktoria Kolzer qui conduisirent au miraculeux sauvetage dont j'entendis parler pour la première fois en cet après-midi de janvier, voici bien des années.

POSTFACE

HANNI LÉVY À BERLIN ET À PARIS
Par Beate Kosmala

Lorsque Hanni Weissenberg fut libérée à la fin du mois d'avril 1945 à Berlin, après vingt-six mois «en cachette», elle avait 21 ans. Elle était orpheline, sans formation professionnelle, mais possédait un incroyable fonds de bonnes et de mauvaises expériences. Durant toute sa période en «sous-marin», comme les Juifs cachés s'appelaient souvent eux-mêmes, elle avait eu l'impression d'être la seule Juive de Berlin à tenter de survivre ainsi. Ce n'est que progressivement qu'elle prit conscience que c'était le cas de nombreux Juifs et Juives de tous les âges. Cependant, seule une proportion relativement faible de persécutés décidèrent de franchir ce pas, ou purent le faire. Et ce pour plusieurs raisons: ignorance initiale des conséquences de la déportation, dilemmes moraux (beaucoup ne voulaient ni ne pouvaient laisser leurs parents proches partir seuls en déportation) et, surtout, le peu d'aide que la majorité de la société allemande leur accordait.

Sur les quelque 500 000 Juifs qui vivaient en Allemagne en 1933, 300 000 quittèrent leur patrie pour l'étranger avant le début de la Seconde Guerre mondiale. D'autres purent encore fuir avant l'interdiction définitive de l'émigration à l'automne 1941. Pour les parents d'Hanni Weissenberg, cela n'avait pas été possible. Ils étaient malades et démunis, aucun pays ne les aurait reçus. Le 15 octobre 1941, quand les déportations systématiques commencèrent dans le Reich allemand, il ne restait plus que 164 000 Juifs, persécutés dans ce pays qui était devenu pour eux un piège mortel. Ils formaient un groupe isolé, appauvri et vieillissant, composé de plus de femmes que d'hommes. La plupart d'entre eux étaient déjà concentrés dans des «maisons juives» ou des camps; ceux qui en étaient capables étaient enrôlés dans le travail obligatoire. Bien peu pouvaient prévoir ou même savoir à ce moment-là, à l'automne 1941, que la déportation «à l'est» équivalait à une peine de mort: avec des termes trompeurs comme «évacuation», «émigration» ou «déplacement», le régime tentait de masquer le but réel des déportations afin d'en garantir le bon déroulement.

Longtemps a prévalu, autant pour le public que dans les livres d'histoire, l'idée que les Juifs allemands s'étaient, en général, soumis avec fatalisme au destin que le régime leur avait assigné, qu'ils n'avaient pas vu ou recherché d'autres issues. Il devient pourtant clair, en étudiant précisément les sources et les témoignages des survivants, que beaucoup de ceux qui étaient destinés à être déportés luttaient désespérément pour trouver une solution et se sauver, eux et leurs enfants ou leurs proches. Comme alternative, il ne leur restait que le suicide – qui explosa pendant les vagues de déportation – ou le «saut dans le vide», comme Helene Jacobs nomme avec justesse la clandestinité[1].

Il faut se replacer dans cette époque: la décision de vivre dans l'«illégalité» était à tous points de vue dramatique et angoissante, car les derniers restes d'une existence réglée, aussi misérable et oppressante qu'elle pût être, devaient être abandonnés, et les chances de survie

---

1. Voir Kathrin Rudolph, *op. cit.*, p. 9. Helene Jacobs aida les personnes persécutées pour raisons raciales en leur fournissant de la nourriture et des faux papiers. Elle leur trouva des cachettes, mettant également son propre appartement à disposition.

dans un environnement hostile semblaient faibles. Une circonstance aggravante était qu'en prenant cette décision les persécutés s'opposaient non seulement au régime mais aussi à la *Reichsvereinigung der Juden in Deutschland* (Union des Juifs en Allemagne), que les autorités persécutrices utilisaient avec cynisme dans l'organisation des déportations. Enfin, se cacher supposait avant tout d'avoir des contacts avec des non-Juifs prêts à soutenir des Juifs menacés.

Quelque quinze mille Juifs persécutés se cachèrent dans le Reich allemand (dans les frontières de 1937), dont sept mille à Berlin. Le nombre de ceux qui purent effectivement survivre n'est à présent déterminable que pour la capitale, et de façon approximative. De nombreuses personnes qui s'étaient d'abord cachées à Berlin trouvèrent par la suite un refuge dans d'autres régions d'Allemagne et, souvent, ne manifestèrent pas leur existence à Berlin après la Libération. On peut donc supposer que jusqu'à deux mille «sous-marins» ont pu survivre dans la capitale.

Il est devenu possible de savoir à quel moment et avec quel degré de «connaissance» la décision risquée de vivre dans l'«illégalité» était prise. Il y a une relation étroite entre la certitude croissante que l'expulsion équivalait à une condamnation à mort et le nombre grandissant de ceux qui décidaient d'éviter la déportation en se cachant. La plupart de ceux qui ont survécu ainsi avaient plus ou moins clairement compris, au plus tard au milieu de l'année 1942, que la déportation signifiait la mort. Avec cette prise de conscience grandissait la disposition à vouloir échapper à la déportation et à se cacher. Seuls quelques-uns entrèrent dans l'«illégalité» dès l'automne 1941, plus d'un tiers au cours de l'année 1942 (la plupart pendant le dernier trimestre), et plus de 50 % pendant le premier trimestre 1943, surtout au moment de l'«action en usine[2]», la grande rafle du 27 février 1943. Cette évolution est clairement liée au passage progressif de la supposition au savoir quant aux conséquences mortelles de la déportation[3]. Les non-Juifs, en outre, étaient visiblement plus disposés vers la fin de la guerre à prendre le risque d'aider des Juifs menacés de mort dans leur lutte pour la survie.

En octobre 1941, avant le début des déportations, 72 972 Juifs vivaient dans la capitale du Reich. En partant d'une estimation moyenne de six mille personnes cachées, ce sont 8 % des Juifs de Berlin qui ont cherché leur salut dans la clandestinité. Parmi eux, seuls 30 % survécurent. Les autres furent arrêtés et déportés, la plupart du temps après des dénonciations ou lors de rafles. Un nombre indéterminé fut également tué lors de bombardements, car ils n'avaient pas accès aux abris antiaériens.

Pour beaucoup de ceux qui décidèrent de se cacher, ce furent des situations menaçantes qu'ils avaient vécues ou vues, liées à la déportation d'autres Juifs, qui furent déterminantes dans leur décision d'entrer dans la clandestinité[4]. Hanni Lévy laisse ainsi entendre que c'est dès le moment de la déportation de sa grand-mère bien-aimée que serait née

---

2. Voir note 52, page 82.
3. Voir à ce sujet Beate Kosmala, «Zwischen Ahnen und Wissen. Flucht vor der Deportation. 1941-1943» («Entre supposer et savoir. Fuir la déportation. 1941-1943»), in Birthe Kundrus et Beate Meyer (dir.), *Die Deportation der Juden aus Deutschland. Pläne, Praxis, Reaktionen 1938-1945* («La déportation des Juifs d'Allemagne. Plans, pratique, réactions 1938-1945»), Göttingen, 2004, p. 135-159.
4. Beate Kosmala, «Überlebensstrategien jüdischer Frauen in Berlin. Flucht vor der Deportation. 1941–1943» («Stratégies de survie des femmes juives à Berlin. Fuir la déportation. 1941-1943»), in Andrea Löw, Doris L. Bergen et Anna Hájková (dir.), *Alltag im Holocaust. Jüdisches Leben im Grossdeutschen Reich 1941-1945* («La Vie quotidienne dans l'Holocauste. Vie juive dans le Grand Reich allemand 1941-1945»), Munich, 2013, p. 29-49; l'histoire d'Hanni Lévy se trouve p. 41.

en elle l'idée de tout faire pour rester à Berlin. De surcroît, elle était présente lorsque, en décembre 1942, les locataires de l'appartement où elle vivait furent «collectés» lors d'une rafle. Elle appartient néanmoins au groupe de clandestins qui spontanément, dans un moment d'extrême danger, sans préparatifs, sans contacts préalables et sans réserve d'argent, choisirent cette voie. Comment son passage dans la clandestinité put-il réussir? Comme l'histoire de sa survie le montre, elle avait au moins une idée de qui pourrait l'aider. Après les expériences qu'elle avait vécues pendant les précédentes années de persécution, elle avait des raisons de penser que tout le monde autour d'elle n'avait pas jeté par-dessus bord la décence, la morale et la compassion, que tout le monde n'était pas d'accord avec les mesures antijuives du régime nazi et qu'il y avait des gens en qui elle pourrait avoir confiance. Dans un passage du livre, elle dit avec pertinence: «Je faisais confiance à des personnes sans être naïvement confiante.»

Qu'y a-t-il de spécial dans l'histoire d'Hanni Weissenberg? Se distingue-t-elle des autres? Il est remarquable que le temps passé par Hanni dans l'«illégalité», en «cachette», qui a duré une éternité de vingt-six mois, ne s'est écoulé qu'à l'intérieur de trois logements. Cela signifie que son séjour chez chacune des personnes qui l'accueillirent fut relativement long. Il en alla bien autrement dans de nombreux cas. Beaucoup de «sous-marins» berlinois durent changer très souvent d'endroit par crainte des dénonciations; ou parce que leur logement avait été détruit par des bombes, ou parce que ceux qui leur portaient secours avaient peur ou en avaient assez de leurs protégés[5].

---

5. Voir en particulier l'exemple de Marie Jalowicz Simon, *Untergetaucht. Eine junge Frau überlebt in Berlin 1940-1945*, revu par Irene Stratenwerth et Hermann Simon, avec une postface d'Hermann Simon, Berlin, 2014. Cet ouvrage a été publié en français sous le titre *Clandestine*, Flammarion, Paris, 2015.

Beaucoup avaient derrière eux une odyssée atroce quand arriva la Libération : ils avaient été pourchassés dans la capitale allemande, puis dans ses environs ou même dans toute l'Allemagne. La chance ou le hasard jouèrent bien sûr aussi un grand rôle pour Hanni Weissenberg, car aucun des appartements où elle logeait ne fut détruit par des bombes pendant qu'elle y était cachée. Il faut aussi souligner qu'elle s'était toujours efforcée de prendre des initiatives pour être la moins pesante possible pour ceux qui l'aidaient, de gagner de l'argent avec la prudence requise pour subvenir à ses besoins ou d'être utile à ses sauveteurs en accomplissant les tâches ménagères, comme chez la famille Most.

Hanni Weissenberg appartient au groupe plutôt restreint des chanceux, de ceux qui vécurent surtout des expériences positives avec leurs sauveteurs ; elle rencontra, à une exception près, des personnes qui lui voulaient du bien et qui étaient prêtes à la protéger et à continuer de l'aider pendant une longue période. Elle raconte – si l'on fait fi de la mauvaise expérience des premiers mois à Berlin-Tiergarten – une histoire de gens amicaux et bienveillants. Néanmoins, la question reste ouverte : que serait-il arrivé si elle n'avait pas trouvé d'autre logement lorsque Arthur Most lui demanda de déménager ? L'aurait-il gardée ? Un autre membre de cette grande famille aurait-il pris le relais ?

Le récit d'Hanni Lévy n'est pas seulement un monument élevé à ceux qui l'aidèrent («ces personnes ne doivent jamais être oubliées»). Il perpétue également le souvenir des amis qui n'eurent ni la possibilité ni la chance d'échapper à la machine de mort du régime national-socialiste, en particulier ses camarades de l'usine textile de Zehlendorf, dont elle montre les lettres d'adieu et les photos. Peut-être ces souvenirs sont-ils les seules traces qui demeurent de certains de ces jeunes gens.

Après la Libération

Après la fin de la guerre, libérée des épreuves harassantes endurées dans ses différentes cachettes, Hanni Weissenberg eut immédiatement à cœur d'exprimer sa gratitude à ceux qui l'avaient aidée et sauvée. Dans sa demande pour être reconnue «victime du fascisme», déposée à l'été 1945, elle s'indigne que Viktoria Kolzer, qui est maintenant une «femme des décombres», ne reçoive aucune aide. Elle écrit: «Ces personnes qui, négligeant le danger constant et restreignant leurs propres besoins vitaux, nous ont aidés, nous les persécutés, sont de vrais antifascistes à l'égard de qui on devrait avoir plus qu'un haussement d'épaules.» Elle conclut par ces mots: «Que l'on ne me tienne pas rigueur de ma franchise, mais, quand on a toujours dû se taire, il peut arriver que l'on veuille vider son cœur[6].»

Hanni Lévy réitéra son geste quelques années plus tard. Le 6 août 1958, dans le cadre d'une initiative du Sénat de Berlin-Ouest, elle demanda que l'on honore Viktoria Kolzer comme «héroïne inconnue». Le 9 novembre 1960, le sénateur des Affaires intérieures lui accorda finalement ce titre. En reconnaissance de «son assistance aux personnes persécutées pour des raisons raciales pendant l'époque nationale-socialiste», selon la formule officielle, on attribua à la veuve de 58 ans, qui subvenait péniblement à ses besoins en travaillant comme aide ménagère, une

---

6. Archive Centrum Judaicum (CJA), 4.1., n° 2882.

«allocation honorifique» de 50 marks par mois[7]. En 1967 cependant, Viktoria Kolzer, désormais à la retraite, fut informée par le bureau des indemnisations que les revenus de sa pension de retraite, soit 447 marks, dépassaient le seuil de dénuement. Par conséquent, sa pension honorifique ne s'élèverait plus, à compter du 28 janvier 1968, qu'à 25 marks par mois[8].

Hanni Lévy écrivit à plusieurs reprises au sénateur de l'Intérieur à partir de 1968 afin d'attirer l'attention sur Viktoria Kolzer. Il s'agissait surtout de mettre en lumière l'immense injustice de la société allemande d'après-guerre concernant le traitement respectif des criminels, des suiveurs, des victimes et des résistants. Elle souligne ce déséquilibre avec pertinence : «On peut supposer que le nombre de ceux qui ont provoqué le grand malheur et ont collaboré est plus grand que celui de ceux qui l'ont combattu avec des moyens modestes et en risquant la mort. Il est montré que ces "grands messieurs" vivent aujourd'hui très bien sans être inquiétés et dans les meilleures situations, qu'ils reçoivent des pensions élevées et qu'on ne trouve aucune raison de leur en déduire quoi que ce soit.» Plus loin, elle écrit : «Je suis sûre que vous percevez aussi cette injustice. Ma mère adoptive a aujourd'hui plus de 70 ans, elle est seule et malade. Elle a récemment fait une demande d'aide au logement. Celle-ci lui a également été refusée[9].» L'appel d'Hanni Lévy ne fut pas entendu.

---

7. Denis Riffel, *Unbesungene Helden. Die Ehrungsinitiative des Berliner Senats 1958-1966* («Héros méconnus. L'initiative honorifique du Sénat de Berlin 1958-1966»), Berlin, 2007. L'auteur montre notamment les objectifs politiques liés à cette action honorifique, les critères présidant aux attributions et les problèmes qui en résultèrent.
8. Landesarchiv Berlin, Rép. B. 175, UH 127, Kolzer, Viktoria, p. 46.
9. *Ibid.*, p. 57.

Après avoir quitté Berlin pour commencer une nouvelle vie à Paris, Hanni Weissenberg ne renia jamais sa ville natale ni ses origines allemandes, et ne rompit jamais le contact. Elle invita à Paris, dès les années 1950, les personnes qui l'avaient le plus aidée, à une époque où l'amitié franco-allemande ne se nouait qu'avec hésitation et où se rendre en France n'était pas une évidence. Elle tenait à mettre en lumière dans son nouvel environnement les actions de sauvetage et de résistance qui avaient eu lieu en Allemagne. À la fin des années 1970, Jacques et Hanni Lévy achetèrent à Neuvic – où la famille Lévy avait survécu – un terrain avec un ancien moulin et plusieurs bâtiments, qu'ils aménagèrent en résidence d'été. Cela leur permit d'inviter régulièrement les amis de Berlin, et ce jusqu'à ce jour. L'année 1989 apporta cependant une triste césure : Hanni Lévy perdit son mari, Jacques, décédé brutalement d'une crise cardiaque chez des amis à Sarrebruck.

Témoin de l'époque à Berlin

Au début des années 1990, Hanni Lévy accepta une invitation dans son ancienne ville natale, qui lui avait été adressée dans le cadre du Programme des émigrés, organisé par le Sénat[10]. Ce fut une nouvelle phase de sa relation avec Berlin et le début de sa troisième vie, celle de témoin de l'époque. À partir de ce moment, en effet, elle ne rencontra plus seulement des personnes avec qui elle était liée par le passé, mais entra aussi en contact avec des institutions et des comités berlinois qui voulaient perpétuer le souvenir

---

10. Le Programme des émigrés du Sénat de Berlin fut lancé en 1969 pour permettre aux anciens Berlinois qui avaient été persécutés pendant la période nationale-socialiste et avaient quitté Berlin de revoir leur ville d'origine.

Hanni Lévy avec Inge Deutschkron, le 13 juin 2012.
Photo : Matthias Reichelt

des horreurs de la période national-socialiste et de la persécution des Juifs. En tant que témoin de l'époque, elle fut de plus en plus sollicitée et publia régulièrement des articles dans *aktuell*, le magazine du Sénat de Berlin.

En 1992, Gert Berliner présenta Hanni Lévy, son ancienne camarade de classe de l'école Joseph-Lehmann, à Katharina Kaiser, qui était alors directrice du Kunstamt Schöneberg, le service des beaux-arts du quartier de Schöneberg. Celle-ci avait déjà placé des conversations avec des témoins de l'époque au cœur de sa première exposition consacrée au national-socialisme, qui s'était tenue dans la grande galerie de la Haus am Kleistpark à l'automne 1983 : elle voulait opposer au type de culture du souvenir qui avait cours à cette époque – concentré sur les lieux de violence et sur des « images cruelles », dans lesquels les victimes étaient privées de leur individualité et de leur dignité – des récits

Hanni Lévy en conversation avec Dagmar Pfeiffer, le 30 juin 2018.
Photo : Matthias Reichelt

formés depuis la perspective des survivants. Dès sa première rencontre avec Hanni Lévy, Katharina Kaiser fut impressionnée par les discussions qu'elle eut avec elle et par les documents qu'elle possédait sur la période où, encore toute jeune femme, elle avait résisté à la déportation et survécu en se cachant à Berlin. Pour Hanni Lévy, elle devint en retour une personne de référence à Berlin. C'est grâce à Katharina Kaiser qu'une première version de son récit fut publiée dès 1995 dans le catalogue de l'exposition que nous avons mentionnée. Le projet conçu par Katharina Kaiser, «Nous étions voisins», avec ses nombreuses expositions préparatoires, dont certaines en plein air, et avec plus d'une centaine de récits de vie d'anciens habitants juifs des districts de Schöneberg et de Tempelhof, a trouvé une place permanente sous une forme développée à la mairie de Schöneberg. Un des albums, soigneusement conçus, est consacré à Hanni

Hanni Lévy en conversation avec Aubrey Pomerance
au Musée juif de Berlin, en juin 2018.
Photo : Milena Schlösser

Lévy. Éclairés par de petites lampes de lecture, les albums reposent sur de longs pupitres, comme dans une ancienne bibliothèque, et invitent à lire, à regarder et à écouter. Un film avec Hanni Levy, réalisé par Dagmar Pfeiffer, a également vu le jour en 2015-2016 dans le cadre du projet «Nous étions voisins».

En 2008, Hanni Lévy a fait don de documents et de photographies au Musée juif de Berlin. Depuis 2010, elle participe à des ateliers pédagogiques à l'invitation d'Aubrey Pomerance. Après l'ouverture en 2008 du Mémorial des héros silencieux[11], lieu de commémoration pour les Juifs

---

11. Le Mémorial des héros silencieux. Résistance contre la persécution des Juifs 1933-1945 (*Gedenkstätte Stille Helden. Widerstand gegen die Judenverfolgung 1933-1945)* a ouvert en octobre 2008 au 39 de la Rosenthaler Strasse, à Berlin-Mitte. Le Mémorial a d'abord été installé dans le bâtiment principal du complexe architectural où se trouvent également le musée

Hanni Lévy avec des acteurs du film *Les Invisibles*: Alice Dwyer (qui joue Hanni) et Max Mauff (qui joue Cioma Schönhaus).
Photo : Matthias Reichelt

qui se cachèrent et les non-Juifs qui les aidèrent, Hanni Lévy prit contact avec cette institution lors d'une visite à Berlin au printemps 2009. En juin 2012, elle participa, à l'invitation du Mémorial, à une discussion publique avec des témoins de l'époque dans la Rosenthaler Strasse, à Berlin-Mitte. Par la suite, le contact ne s'est pas rompu. Grâce aux écrits d'Hanni Lévy et à des documents s'y rapportant, les chercheurs connaissaient certes son nom, son histoire et certains de ceux qui l'avaient aidée, mais de nombreuses questions demeuraient ouvertes.

Au cours de l'année 2009, Hanni Lévy fut intégrée – par mon intermédiaire – dans le projet de film du cinéaste

---

de l'Atelier des aveugles Otto-Weidt et le centre Anne-Frank. En raison de l'exiguïté des locaux, il a été transféré en février 2018 dans le Bendler Block de la Stauffenbergstrasse, où se trouve le Mémorial de la résistance allemande (*Gedenkstätte Deutscher Widerstand*).

Hanni Lévy avec sa fille, Nicole, chez la chancelière Angela Merkel, le 26 juin 2018.

Claus Räfle portant sur le destin de jeunes Juifs cachés et elle en devint un des quatre personnages principaux (leurs récits de persécution et de sauvetage sont également présentés au Mémorial des héros silencieux). Le film, écrit par Claus Räfle et Alejandra López, est sorti dans les salles de cinéma à l'automne 2017, après une longue recherche pour trouver un distributeur, sous le titre *Les Invisibles. Nous voulons vivre*. C'est un long-métrage contenant une partie documentaire et des témoignages importants. La jeune Hanni Weissenberg est jouée dans les scènes non documentaires par l'actrice Alice Dwyer[12]. Ce film poignant a

---

12. En même temps que le film est sorti un livre : Claus Räfle, *Die Unsichtbaren. Untertauchen, um zu überleben. Eine wahre Geschichte* (« Les Invisibles. Se cacher pour survivre. Une histoire vraie »), Munich, 2017.

été plusieurs fois primé et a reçu une reconnaissance internationale : il a été montré à Rio de Janeiro, au Japon, en Israël, en Chine, aux États-Unis et au Canada. En 2018, il a enfin pu être présenté à Paris, avec des sous-titres français, grâce à la fondation Heinrich Böll, afin que la famille et les amis d'Hanni Lévy ainsi que le public intéressé en France puissent aussi le voir et le comprendre.

Hanni Lévy est heureuse que le film, qu'elle considère comme étant « plus qu'actuel », montre, d'une part, la résistance des Juifs qui se sont soustraits aux ordres de l'autorité nationale-socialiste et, d'autre part, les actes courageux des Allemands non juifs qui firent preuve d'humanité à une époque inhumaine. Lors de la première en octobre 2017, sur le tapis rouge de Berlin, celle qui avait courageusement défié les nazis déclara : « Pour moi, c'est un grand moment. Je n'aurais jamais pensé que mon histoire pourrait trouver tant de résonance après tant d'années ! » Le film accrut sa notoriété et fut suivi d'invitations : par exemple, une apparition télévisée dans le talk-show de Markus Lanz, ou une participation, à l'initiative de la femme politique Claudia Roth, à la Conférence des délégués fédéraux de l'Alliance 90/Les Verts, le 27 janvier 2018, et même un rendez-vous avec la chancelière Angela Merkel en juin 2018.

Le retour d'Hanni Lévy à la Nollendorfstrasse

Au début de l'année 2002, l'historienne d'art Oranna Dimmig, qui habitait au 28 de la Nollendorfstrasse, entendit dire pour la première fois que des Juifs avaient été expulsés de son immeuble. Elle apprit également qu'une jeune femme juive avait survécu là, cachée dans un appartement du rez-de-chaussée. Sverre Jervell, conseiller à l'ambassade de Norvège, qui vivait à ce moment-là dans un appartement au dernier étage du bâtiment principal, avait diffusé cette information dans la maison. Après avoir lu dans le catalogue du Kunstamt Schöneberg le texte sur Hanni Lévy et son sauvetage par la famille Kolzer, dans lequel d'ailleurs la localisation de l'appartement était encore imprécise, la communauté des habitants de l'immeuble pensa à honorer les sauveteurs mais ne prit aucune initiative en ce sens. Vers 2005, avant de retourner en Norvège, Sverre Jervell acquit l'ancien appartement des Kolzer, sans réaliser à l'époque qu'il s'agissait bien de celui-ci. En 2009, Beatrice Magnus-Wiebel, qui vivait également au 28 de la Nollendorfstrasse et avait entendu parler de l'histoire d'Hanni Lévy, rencontra devant la porte d'entrée une équipe de tournage accompagnée d'une vieille dame qui lui demanda de la laisser entrer dans la cour parce qu'elle avait vécu dans cette maison pendant la guerre. Beatrice Magnus-Wiebel comprit immédiatement de qui il s'agissait. Hanni Lévy eut ainsi, et pour la première fois depuis la mort de Viktoria Kolzer en 1976, une interlocutrice dans l'immeuble.

Parallèlement à l'initiative des habitants du 28 de la Nollendorfstrasse, désireux de déposer un pavé commémoratif à la mémoire des douze personnes déportées de la maison, Sverre Jervell travailla avec Beatrice Magnus-Wiebel à l'obtention d'une plaque commémorative à la mémoire de la famille Kolzer. Le 26 septembre 2010, celle-ci fut apposée dans la cour, près de la porte d'entrée de l'ancien appartement Kolzer, par décision de la communauté des copropriétaires. Pour la cérémonie d'inauguration, Sverre Jervell mit à disposition les anciennes pièces des Kolzer qu'il avait acquises et qui avaient été transformées. De nombreuses personnes y participèrent : les familles Lévy et Kolzer, Sverre

Jervell et des membres de l'ambassade, des propriétaires et des habitants de la maison, des voisins de Schöneberg, Claus Räfle et Alejandra López, qui travaillaient déjà sur le projet des *Invisibles* et filmèrent ce jour-là, et moi-même. Katharina Kaiser était également présente en tant que directrice du Kunstamt Tempelhof-Schöneberg. Son projet de travail de mémoire avait en fin de compte conduit à ce que les habitants de l'immeuble puissent prendre en main la pose de la plaque commémorative.

Il devint bientôt clair qu'une plaque à la mémoire des sauveteurs visible seulement de la cour n'était pas satisfaisante à long terme. En outre, Oskar Kolzer n'était pas mentionné. Un nouvel habitant de l'immeuble, Sven Hohnecker, donna alors un élan décisif à une autre initiative dans laquelle s'engagea également Oranna Dimmig, à qui nous devons des recherches approfondies sur Jean, Viktoria et Oskar Kolzer. Le 30 juin 2018 fut apposée sur le côté rue de la maison une plaque commémorative, avec une inscription et une photo de la famille Kolzer, qui informe les passants attentifs de ce qui se passa en ce lieu. La plupart des participants à la cérémonie de 2010 vinrent assister au dévoilement de la plaque, et bien d'autres personnes se rassemblèrent avec eux devant le 28 de la Nollendorfstrasse.

Le cercle qui entoure Hanni Lévy s'est entre-temps beaucoup agrandi. Quand elle vient à Berlin, son agenda est plus que rempli. C'est une personne chaleureuse, douée pour l'amitié, intelligente et communicative. Elle va à la rencontre des gens, crée des liens, découvre partout des «accouplages» – son mot préféré, qui, pour elle, signifie les relations entre les personnes, les choses et les événements les plus divers, qu'elle découvre sans cesse et auxquelles elle donne un sens.

Le Président de la République

Paris, le 15 novembre 2018

Chère Madame,

J'ai le très grand plaisir de vous annoncer que j'ai décidé de vous nommer au grade de chevalier dans l'ordre national du Mérite.

Cette prestigieuse distinction, que j'ai tenu à vous décerner sur mon contingent personnel de croix, récompense votre engagement au service de la France.

A cette occasion, je suis très heureux de vous adresser mes félicitations les plus vives et les plus sincères.

Je vous prie d'agréer, chère Madame, mes respectueux hommages.

Emmanuel MACRON

Madame Hanni LÉVY
23, rue Blanche
75009 PARIS

Communication du président Emmanuel Macron au sujet de la nomination d'Hanni Lévy à l'ordre national du Mérite pour son engagement au service de la France.

Elle n'est pas seulement un témoin de l'époque, mais aussi une contemporaine très attentive.

La citoyenne française Hanni Lévy a aussi été reconnue comme une pionnière et une bâtisseuse de passerelles dans le domaine de l'amitié et de la réconciliation franco-allemandes, ainsi que l'a dit en sa présence l'ambassadrice de France en Allemagne, Anne-Marie Descôtes, le 30 octobre 2018, à l'occasion de la projection des *Invisibles* à l'ambassade à Berlin. En date du 15 novembre 2018, Hanni Lévy a reçu une communication du président de la République, Emmanuel Macron, la nommant à l'ordre national du Mérite pour son engagement au service de la France[13].

Avec son rayonnement gai et cordial, Hanni Lévy peut aussi se montrer résolue, et elle ne dissimule pas ses opinions. Comme elle l'écrit dans ses souvenirs, elle a la capacité de faire confiance à des personnes sans être naïvement confiante. Un long processus fut nécessaire avant qu'elle ne soit prête à divulguer l'un ou l'autre détail de sa vie, allant ainsi plus loin que dans ses récits précédents. Un défi particulier a consisté à reconstituer le cours des événements après un intervalle de temps aussi long et à rendre justice individuellement aux personnes qui y ont joué un rôle. Pendant longtemps, Hanni Lévy n'a pu ni voulu imaginer la publication d'un livre sur ce qu'elle avait vécu. Pour s'y être finalement décidée, elle mérite un grand merci. Car ce qui restera de ces années de terreur nationale-socialiste, ce sont les témoignages de personnes qui ont vécu et souffert à cette époque.

---

13. Depuis lors, Hanni Lévy s'est vu décerner le *Verdienstorden 1. Klasse* (Ordre du mérite de 1re classe, la plus haute distinction allemande) par le président de la République fédérale d'Allemagne et le *Bundesverdienstkreuz des Landes Berlin* (Ordre du mérite du Land de Berlin) par le Sénat de Berlin.

Je remercie particulièrement Oranna Dimmig pour son engagement indéfectible dans la réalisation et à l'aboutissement de ce livre, pour sa lecture attentive du manuscrit et pour ses nombreuses et importantes remarques.

ANNEXES

HANNI LÉVY DANS LA NOLLENDORFSTRASSE

Hanni Lévy s'apprête à dévoiler la plaque commémorative rendant hommage à la famille Kolzer au 28 de la Nollendorfstrasse, le 30 juin 2018.
Photo : Matthias Reichelt

Nouvelle plaque commémorative rendant hommage à la famille Kolzer au 28 de la Nollendorfstrasse, bâtiment sur rue, inaugurée le 30 juin 2018.

Photo: Matthias Reichelt

Portrait de groupe devant la nouvelle plaque. De gauche à droite :
Caroline Kolzer, Evelin Kolzer, Renate Schrader, Hanni Lévy,
Joachim Kolzer, Helmut Kolzer. Photo : Matthias Reichelt

Nicole Lévy avec Bettina Hamann, habitante de l'immeuble,
le 30 juin 2018.
Photo : Matthias Reichelt

Oranna Dimmig et Manfred Schlösser, du 28 de la Nollendorfstrasse, orateurs lors de la cérémonie du 30 juin 2018.
Photo : Matthias Reichelt

Nicole Lévy avec Caroline et Evelin Kolzer.
Photo : Matthias Reichelt

Hanni Lévy avec Renate Schrader, petite-fille de Viktoria Kolzer, devant la première plaque commémorative rendant hommage à la famille Kolzer, cour intérieure du 28 de la Nollendorfstrasse, le jour du dévoilement, le 26 septembre 2010. Devant à droite : Nicole, fille d'Hanni Lévy ; derrière : Renée Lévy Zauberman, sa belle-fille, Yael Viktoria, sa petite-fille, et René, son fils. Photo : Milena Schlösser

Visiteurs lors du dévoilement de la plaque. Devant : Renate Schrader, et Monika Schlösser ; à gauche : Katharina Kaiser ; derrière Hanni Lévy : Yael Viktoria Lévy-Zauberman. Photo : Matthias Reichelt

Hanni Lévy avec Sverre Jervell, le 26 septembre 2010.
Photo : Matthias Reichelt

Rencontre avec Hanni Lévy le 17 juin 2015, en face de l'immeuble du 28 de la Nollendorfstrasse. De gauche à droite : Oranna Dimmig, Josefine Geier, Beatrice Magnus-Wiebel et Beate Kosmala.
Photo : Matthias Reichelt

Discours d'Hanni Lévy lors de la Conférence des délégués fédéraux d'Alliance 90/Les Verts le 27 janvier 2018 à Hanovre[1]

Chères Mesdames et chers Messieurs !

Je me tiens devant vous pour témoigner que tous les Allemands n'étaient pas des meurtriers. Je suis très reconnaissante à Claudia Roth pour son invitation et je suis très honorée de pouvoir prendre la parole devant vous. C'est une bonne occasion de réveiller des souvenirs. Les souvenirs ne restent vivants que si on peut les transmettre ! À notre époque pressée, où des événements, des nouveautés et de nouvelles idées se bousculent, il ne reste pas beaucoup de place pour le souvenir, et on devrait pourtant lui en accorder. Car je constate avec consternation que d'anciennes recettes sont réchauffées et retrouvent des oreilles complaisantes ! Bien que sous une forme légèrement différente, je vois de nouveau des gros titres désignant les *autres* – les réfugiés du Moyen-Orient – comme coupables de tout. Autrefois c'étaient les Juifs, aujourd'hui ce sont les réfugiés !

Il y a un certain manque de compréhension des deux côtés quant aux modes de vie, etc. Mais on ne devrait jamais oublier que ce sont des gens qui ont tout laissé derrière eux pour sauver leur vie et celle de leurs enfants ! Ici, dans la salle, se trouve quelqu'un qui a réalisé un film très important[2] sur lequel je me permets d'attirer l'attention : *Les Invisibles. Nous voulons vivre.* Puisque nous, les Juifs de la clandestinité, sommes maintenant devenus « visibles »,

---

1. Le texte n'a été que légèrement modifié.
2. Claus Räfle était également présent.

Hanni Lévy lors de la Conférence des délégués fédéraux d'Alliance 90/Les Verts.
Photo : Oranna Dimmig.

je peux remercier publiquement et honorer les gens sans lesquels nous n'aurions pas survécu. Ceux qui nous ont aidés et sauvés sont les vrais héros.

Notre vieille Europe disparaît. Elle est sur le point de devenir un melting-pot. Mais je crois, en toute confiance, que les jeunes d'aujourd'hui créeront une Europe nouvelle, unifiée et diversifiée, car ils voyagent à travers le monde, travaillent et rencontrent quotidiennement des personnes différentes. Ils créeront une Europe meilleure qu'elle ne l'est aujourd'hui. Je vous remercie tous de les aider à cela.

INDEX DES PERSONNES CITÉES

Albrecht, Elisabeth 126
Alexander, Granach 19
Althoff (famille) 175
Andra, Fern 176-177

B., Ursula (employée de bureau chez les Brüsehaber) 157
Baker, Dr Max 34
Ballin, Dr Günther 34
Ballin, Käthe Levy 34
Balme 133
Baron, Dr 33
Berger, Ellen (née Götz) 36
Berliner, Gert 34, 38, 194
Berliner, Paul 34
Berliner, Sophie 34
Bick, Lothar 37
Birnbaum, Nathan 39
Blumenreich 46
Bossack, Hans 54-55, 76-77
Bradley, Omar 126
Brasch, Brigitte 33
Braun, Alfred (Fred) 156-157
Braun, Margarete (Gretel) 156-157
Bresinski ou Beresinski, Bernd 37
Brösicke 48
Bruns, Inge 35, 119
Brüsehaber, Anna (née Friedrichs) 151, 154
Brüsehaber, Anneliese 151
Brüsehaber, Bertha (née Nathow) 150, 155, 162
Brüsehaber, Elsbeth (née Klein) 28-29, 82-84, 86, 88-89, 95, 107, 112, 149-166
Brüsehaber, Evelin 151
Brüsehaber, Günther 28-29, 82-84, 86, 89, 95, 107, 112, 149-166
Brüsehaber, Liselotte 151
Brüsehaber, Otto 150
Brüsehaber, Ruth 151
Busch (famille du cirque) 175

Chaput, Jean 133

Dagover, Lil 115
Descôtes, Anne-Marie 203
Deutschkron, Inge 194
Dietrich, Marlene 11, 19
Dimmig, Oranna 40, 84, 91, 133, 144-146, 167, 171, 199, 201, 204, 211, 213, 215
Dorle 54, 67-70, 76
Dorn, Werner 52
Dunnek, Thea 36
Dwyer, Alice 197-198
Eichmann, Adolf 84-85
Epstein, Lilo 54, 62-63

Feld, Itzhak 39
Frank (famille) 112

ME SAUVE QUI PEUT!

Frank, Rosi 86, 120, 140
Freitag («Muttel») 102
Frost 156
Fuks, Huguette 146

Geier, Josefine 213
Göring, Hermann 9, 15, 44
Götz, Ellen 36-37
Gotz, Erna 36
Grimstad, Kirsten 146
Grünbaum, Herbert 95, 97, 100, 157, 164, 165
Hamann, Bettina 210
Hartmann, Emilie Maria (veuve. Unger, née Serotzki) 178
Hartmann, Oskar 178, 180
Hartmann, Viktoria, voir Kolzer, Viktoria
Heimann/Heymann, Eva 36
Hindenburg, Paul von 44
Hitler, Adolf 9, 84, 101, 125, 151, 164
Hoff, Sigrid 146
Hoff, Wolfgang 146
Hohnecker, Sven 201

Imber, Naphtali Herz 39
Isaaksohn, Hannelore 36
Isaaksohn, Rolf 56, 119
Isherwood, Christopher 114

Jacobs, Helene 186
Jacobsohn, Richard 150
Jacoby, Paul 34
Jalowicz Simon, Marie 189
Jervell, Sverre 199-201, 213
Joelson, Walter 92
Jonas, Helga 36

Kaiser, Gert 37
Kaiser, Katharina 194-195, 201, 212
Kalmann, Lothar 37
Kaltenbach, Jacques 133
Kelm (banquier) 27
Kirchner, Horst 54
Klose, Aribert 99, 102-103
Klose, Grete (née Most) 99, 102-104
Kolschewsky 85, 88, 90, 93-94
Kolzer, Adolf 170-171
Kolzer, Caroline 210-211
Kolzer, Elise 170
Kolzer Evelin 210-211
Kolzer, Gisela 168
Kolzer, Heinrich 173
Kolzer, Helene (née Althoff) 174
Kolzer, Helene (née Kappenmacher) 169-170
Kolzer, Helmut 210
Kolzer, Johann Josef (Jean) 110-118, 121-123, 140, 167-

Index des personnes citées

184, 200-201, 207-208
Kolzer, Joachim 210
Kolzer, Oskar 107-110, 112-113, 116-118, 123-124, 128, 140-143, 167-184, 201
Kolzer, Oskar sen. 169
Kolzer, Paula 171
Kolzer, Viktoria 108-116, 118-127, 129, 139-144, 165, 167-184, 191-192, 200-201, 207-208, 212
Kosmala, Beate 146, 149, 185, 188, 213
Kossatz, Hilde 36
Kübler, Stella 56
Kurniker, Lilo 153
Kurtz, Adolf 182,183
Kutti, voir Pralat, Kurt

Lagerlöf, Selma 34
Lanz, Markus 199
Lehmann, Dr méd. Joseph 31
Lembach (chef de département à la Spinnstoffwerke AG) 48
Lévy (famille) 137
Lévy, Adele 136
Lévy, Adolf 136-137
Lévy, Bernard (Bernhard) 137
Lévy, Bertha 136-137
Lévy, Ernst Jakob (Jacques) 134, 136-137, 193
Lévy, Helene 137
Lévy, Lazarus 135-137
Lévy, Leo 136-137
Lévy, Marcel 141
Lévy, Max 136-137
Lévy, Nicole 11, 138-139, 141-142, 198, 210-212
Lévy, René 11, 138-139, 141-142, 212
Lévy Zauberman, Yael Viktoria 141, 144, 212
Lévy Zauberman, Renée 141, 212
López, Alejandra 198, 201
Loschinski, Ernst 164

Macron, Emmanuel 202-203
Magnus-Wiebel, Beatrice 200, 213
Mamlock, Vera 36
Matschkowski, Fritz 56, 92-93, 108, 112, 116
Matschkowski, Theodor 91-93, 108, 112
Mauff, Max 197
Menzel, Dr Walter 158-159, 160-161, 163
Merkel, Angela 198-199
Meyer, Lotte 36
Most (famille) 97-104, 107, 111-112, 114, 125-126, 129, 139, 157, 190

Most, Arthur 97-100, 102-104, 107, 109, 139-140, 164, 190
Most, Elfriede («Frieda») 99, 103-104
Most, Erich 99, 102
Most, Fritz 99, 102-104, 126
Most, Gerd 97, 100, 101, 114, 140, 164
Most, Gerda 102
Most, Grete 102-104
Myrgren, Erik 162-163

Neimann, Wilhelm 163
Neisser, Helga 50, 54-55, 119
Neuberg, Edwin 67, 74-76, 81, 83-84, 86, 120
Neuberg, Gertrud 67, 74-76, 81, 83-84, 86, 120
Neukamp, Ullrich 37
Neumann, Edith 54
Nöske, Anna 66, 87-88, 112
Oberländer, Alice 24
Oberländer, Berl 29, 74
Oberländer, Cäcilie (née Sorauer) 18-19, 24, 27-28, 30, 71-72,
Oberländer, Edith 29, 74
Oberländer, Emma (née Kraemer) 28-29, 65, 73
Oberländer, Flora 29, 73
Oberländer, Fritz 29, 73-74, 153-154
Oberländer, Gustav 18-19, 21, 23-24, 27, 29
Oberländer, Heinz 29, 73,153
Oberländer, Ilse 29, 73
Oberländer, Mathel 29, 74
Oberländer, Paula 18-19, 21-23, 25-27,129-135
Oberländer, Walter 18-21, 23-25, 27, 29, 129-130, 132-135

Perl, Dr 34
Perwe, Erik 163
Pfaenner, Dora Miehe 173
Pfeiffer, Dagmar 195-196
Philippson, Gustav 33
Pinner, Grete 49
Pinner, Peter 49
Polke, Fritz 37
Pomerance, Aubrey 196
Pralat, Kurt («Kutti») 41-42, 53, 55-57, 59, 74, 92
Pralat, Martha 42
Proske, Anna, voir Brüsehaber, Anna

Räfle, Claus 198, 201, 214
Richthofen, Manfred von 15-16
Ries, Henry (Heinz) 36
Ries, Steffi 36, 46
Ritter, Nikolaus 167
Roeder von Diersburg 160

Index des personnes citées

Rosenfeld, Ulli 37
Rosenthal, Esther 20
Rosenthal, Hans 37
Rosenthal, Lotte 20
Rosenthal, Ruth 20
Roth, Claudia 199, 214
Roux 132
Rudolph 170
Runge (Spinnstoffwerke AG) 49

Schibalski, Walter 84
Schlösser, Manfred 211
Schlösser, Monika 212
Schönhaus, Cioma 197
Schrader, Renate (née Kolzer) 109, 113, 117, 141, 167-169, 172-174, 176, 178-179, 180-181, 183, 210, 212
Schuman, Otto 174
Schwarz, Edith 36
Seeliger, Horst 54-55, 82
Silberstein, Berthold 37
Silberstein, Fred 38
Silberstein, Hansi 36-38
Sommer 130-131
Sommerfeld, Ellen 36
Sorauer (famille) 90, 93-94
Sorauer, Hermann 90
Sorauer, Kurt 94
Spieldoch, Dr Erich 33
Stahl, Lore 36
Stella (nom de famille inconnu, camarade de classe d'Hanni Weissenberg) 36
Streicher, Julius 47
Sturm, Werner 37

Tolstoï, Léon 19
Tchekhova, Olga 19

Wachsner, Dr Fritz 32-34
Wachsner, Paula 32
Weber 100, 103
Weissenberg, Alex 20.
Weissenberg, Alice 15, 67
Weissenberg, Ernst 15, 20.
Weissenberg, Felix 15-16, 22, 40, 43
Weissenberg, Franz 20.
Weissenberg, Fritz 20, 129
Weissenberg, Grete (épouse Rosenthal) 20
Weissenberg, Hermann 20
Weissenberg, Kurt 20
Weissenberg, Marie 20
Werner, Horst 54
Wilhelm, Dieterle 19
Wolff, Heinz (Henry) 37-38
Wolff, Vera 36
Wunsch, Ullrich 37

Zander, Marianne 33
Zwirn, Stefanie 33
Zyskind, Sala 58-61

Achevé d'imprimer en décembre 2019 par Laballery (France)
Numéro d'impression : 912312
Dépôt légal : janvier 2020